AF286423

Als Kind lösten ihre Erzählungen über Gespräche mit den Seelen Verstorbener Erschrecken und Verwirrung aus. Vicki Monroe galt als »Spinnerin«, misstrauisch beäugt von ihrer Umgebung – und die kleine Vicki beschloss zu schweigen.

Heute gilt Vicki Monroe als eine der fähigsten »Seelen-Kommunikatorinnen« in den USA. Wissenschaftler, Zeitungen, TV- und Radiosender reißen sich um sie, der »Who's Who« zählt sie zu den 100 besten Medien der Welt. Denn Monroes Seelen-Botschaften, die sie in den sog. Readings einem neugierig-skeptischen Publikum vorträgt, überzeugen durch eines: Das Wissen der »Stimmen aus dem Jenseits« ist überaus persönlich, präzise bis ins Detail – und rundum nachprüfbar! Monroes Readings, denen kritische Beobachter einen Wahrheitsgehalt von weit über 90 % zusprechen, lassen ein oft geschocktes, oft geläutertes Publikum zurück. Ein Reporter der »Portland Press«: »Journalisten sind die größten Skeptiker. Aber man verlässt Vicki Monroe in voller Gewissheit. Selbst wenn nicht erklärbar ist, wie sie wissen kann, was sie weiß.«

Dr. Vicki Monroe, geb. 1962 ist Naturheilärztin. Als Kind wegen ihrer paranormalen Fähigkeiten ausgegrenzt, bricht sie 1998 ihr Schweigen und nutzt seitdem ihr Wissen als »Spirit Communicator« für ihre Patienten. In »Ich höre, was die Seelen sprechen« berichtet sie erstmals über ihre Erlebnisse aus der Welt »jenseits des Todes«.

Dr. Vicki Monroe ist eine Seelenbotin, die in ihren öffentlichen Veranstaltungen im Radio und im Fernsehen die heilsame Botschaft verbreitet, dass das Leben unvergänglich ist. Sie gibt Privatsitzungen und Seminare auf der ganzen Welt.

Vicki Monroe

Ich höre,
was die Seelen sprechen

übersetzt von Johanna Ellsworth

© G. Reichel Verlag, Reifenberg 85, 91365 Weilersbach, Germany
Tel. 09194-8900, Fax 09194-4262
Internet: www.reichel-verlag.de
E-Mail: info@reichel-verlag.de

Zeichnungen: Ma Ning (Seite 60), Christa Reichel
Umschlaggestaltung: Wolfgang Hofmann
2. Auflage 2007

ISBN 3-926388-78-1
ISBN 978-3-926388-78-0

Inhaltsverzeichnis

Für meine Schwester Heather, die mich unendlich liebevoll führt. Selbst jetzt noch, nachdem sie von uns gegangen ist, bringt sie mich mit ihrer Persönlichkeit und ihrem Humor zum Lachen!

Auch meinen geliebten Vater Charlie schließe ich in die Widmung mit ein. Mögen die Stadien, die du geliebt hast, und die Teams, die du bewundert hast, immer so große Sieger sein, wie du es für die Menschen warst, die du auf Erden gelehrt hast. Ich liebe euch beide sehr.

Vorwort

Es begann an einem ganz gewöhnlichen Tag. Ich stand um sechs auf, machte die Kinder fertig für die Schule, räumte auf, duschte, zog mich an und verließ das Haus. Ich freute mich auf meine halbe Stunde Fahrt zur Arbeit. Als Ärztin und Mutter von vier Kindern ist das oft die einzige Zeit am Tag, die ich für mich habe. Ich genoss die Auszeit im Auto. Während ich den mitgenommenen Becher Kaffee trank, drehte ich am Radio, bis ich einen geeigneten Sender fand. Bald darauf hörte ich interessiert einer Frauenstimme zu. Sie erzählte von einer Seelenbotin, die sie als Gast in ihrer Radiosendung haben würde. Da ich ein Theologiestudium absolviert habe und mich darüber hinaus mit Spiritualität und Sozialwesen beschäftigt habe, interessierte mich das Thema sehr. Ich war schon immer fasziniert von spirituellen Dingen, und so klang diese Seelenbotin faszinierend für mich. Ich beschloss, mir die Sendung anzuhören, und wurde nicht enttäuscht. Sie klang aufrichtig und ehrlich. Ich kann es nicht erklären, doch ich konnte dies schon allein an ihrer Stimme hören, während sie Botschaften von Geistern im Jenseits wiedergab. Sie war so exakt, dass es schon unheimlich war, und als sie erwähnte, dass sie auch Gruppensitzungen macht, meldete ich mich noch am selben Tag dafür an. Es war eine einfache Handlung, die mein Leben von Grund auf verändert hat.

Ein paar Wochen später ging ich zu der Gruppensitzung mit der Seelenbotin Vicki Monroe. Sie war ganz anders, als ich sie mir vorgestellt hatte. Mir begegnete eine attraktive Rothaarige von ungefähr vierzig mit strahlend blauen Augen. Sie entsprach nicht im Geringsten meiner Vorstellung, wie ein Mensch mit so einer Begabung aussehen könnte. Sie wirkt nicht wie eine Mutter oder Ehefrau. Ich fühlte mich in ihrer Gegenwart auf Anhieb wohl, obwohl ich nicht jemand bin, der Fremden sofort vertraut. Ich bin eher vorsichtig in der Auswahl der Menschen, denen ich mich öffne. Für mich war dies also eine ungewöhnliche Erfahrung. Sie strahlte so viel Güte und Offenheit aus, dass mein natürliches Misstrauen sofort verschwand. Ich hatte das Gefühl, dass wir uns vertraut waren, und ich spürte, dass ich nichts zu befürchten hatte.

Als Vicki sich von einem Gast an den nächsten wandte und an jeden persönliche Botschaften übermittelte, staunte ich über ihre Genauigkeit. Als ich an der Reihe war, verwandelte sich mein Erstaunen in den totalen Glauben an ihre Fähigkeiten. Sie wusste, dass ich Ärztin war. Sie kannte den Namen meines Praxisleiters. Sie konnte mir den Namen meiner Großmutter nennen und wusste, dass meine Großmutter eine gute Köchin gewesen war. Sie wusste auch, dass meine Tochter autistisch ist. Obwohl wir uns noch nie begegnet waren, schien sie alles über mich zu wissen. Sie sagte, dass sie all diese Informationen von meiner Großmutter Mary hatte, die vor zehn Jahren verstorben war. Ich hatte sie sehr geliebt und hörte nun gebannt zu, da Vicki anscheinend alles über sie wusste. Während der Gruppensitzung erwähnte sie, dass sie auch Einzelsitzungen abhält. Ich spürte das starke Verlangen, allein mit ihr zu reden. Am nächsten Tag machte ich einen Termin für eine Einzelsitzung zwei Monate später aus. Ich ahnte nicht, dass ein simpler Anruf und eine Sitzung mein ganzes Leben verändern würden!

Dann kam der Tag, an dem ich meinen Termin bei ihr hatte. Es war ein kalter, grauer Dezembermorgen. An der Haustür empfing mich Vickis Mutter und führte mich in ein gemütliches Zimmer, in dem ich auf Vicki wartete. Als sie den Raum betrat, war sie leger in Jeans und Pullover gekleidet, und wir kamen nach einer kurzen Begrüßung gleich zur Sache. Ich bin sicher, dass sie sich seit der Gruppensitzung nicht mehr an mich erinnern konnte. Dazwischen lagen zwei Monate, in denen sie vermutlich hundert andere Klienten zu Gesicht bekommen hatte. Wieder waren ihre Aussagen unglaublich akkurat. Ich konnte laut und deutlich meine Großmutter wiedererkennen. Vicki wusste, dass ich vier Kinder habe, von denen drei aus Übersee sind und von uns adoptiert wurden. Sie wusste auch, dass ich seit zwanzig Jahren mit demselben Lebenspartner zusammen bin. Weiterhin wusste sie von den Personalproblemen in meiner Praxis. Doch das Erstaunlichste war, dass sie von einer verstorbenen Freundin wusste, die viel zu früh von uns gegangen war. Dory war mit siebenunddreißig an Dickdarmkrebs gestorben. Vielleicht war sie die beste Freundin, die ich je gehabt habe. Sie war auch Ärztin und mir ein paar Jahre in der Ausbildung voraus, und sie hatte mir gezeigt, wie man eine richtige Ärztin wird. Sie brachte mir

Güte, Mitgefühl und praktisches Denken bei. Sie war mein Vorbild, und als sie starb, war ich völlig verzweifelt. Ich hatte nie gewusst, dass ich so um jemanden weinen könnte wie um sie. Sie war zehn Jahre vor der Begegnung mit Vicki gestorben und ich vermisste sie immer noch Tag für Tag. Intuitiv schien Vicki all das zu wissen. Sie schien die Leere zu spüren, die Dorys Tod in meinem Leben hinterlassen hatte. Freundlich und sanft versicherte sie mir, dass Dory immer noch jeden Tag bei mir war und über mich wachte.

Am Ende der Sitzung fragte Vicki mich, ob ich in meiner medizinischen Praxis neue Patienten aufnehmen würde. Ich bejahte das und sie wurde meine Patientin. Es schmeichelte mir, dass sie mich darum gebeten hatte. Ich verließ ihr Haus in einem Gefühl der Verbundenheit, doch ich hatte Angst, daran zu glauben. Ich konnte mir nicht vorstellen, dass eine so begabte und erfolgreiche Frau wie sie Freundschaft mit einer einfachen Landärztin wie mir schließen wollte. Ich konnte nicht ahnen, dass auch sie nach jemandem suchte, der die Leere in ihrem Leben auffüllen würde, die durch einen zu frühen Verlust entstanden war.

Von dem Augenblick an, als ich Vickis Haus verließ, dachte ich ständig an diese Sitzung. Alles, was sie gesagt hatte, klang wahr. Zum ersten Mal spürte ich, dass meine Gefühle und Wahrnehmungen einen Sinn ergaben. Sie hatte viele Emotionen und intuitive Eingaben bestätigt, die ich zwar immer gefühlt, jedoch nie zuvor verstanden hatte. Ich hatte endlich das Gefühl, jemandem begegnet zu sein, dessen Weltansicht ich teile. Seit ich Dory verloren hatte, die mein Steuerrad und mein Kompass gewesen war, hatte ich mich wie eine Fremde auf dieser Erde gefühlt. Das Gefühl konnte ich nie jemandem wirklich erklären. Doch obwohl ich Vicki kaum kannte, war mir, als wären wir uns auf einer ganz tiefen Ebene begegnet. Doch Zweiflerin die ich bin, hatte ich Angst, ihr das zu sagen. Ich wollte zwar ihre Freundin sein, aber ich ging nicht davon aus, dass sie auch meine Freundin sein wollte.

Ein paar Wochen später, während ich immer noch über meine Sitzung nachdachte, schickte ich ihr eine E-Mail. Ich erwartete im Grunde keine Antwort. Vicki schien mir viel zu beschäftigt zu sein. Doch schon am nächsten Tag kam ihre Antwort. Wieder schickte ich ihr eine E-Mail und sie schrieb zurück. Bald darauf chatteten wir regelmäßig. Zuerst tauschten wir nur freundliche, belanglose Alltäglichkeiten aus, doch dann kamen wir rasch auf tiefsinnigere Themen zu sprechen. Wir tauschten uns über das Leben, Mutterschaft und Spiritualität aus. Wir diskutierten Liebe, Kinder, Arbeit und Politik. Wir staunten über unsere vielen Gemeinsamkeiten. Beide haben wir vier Kinder und eine langjährige Partnerschaft. Beide lieben wir Gartenarbeit und Italien, vor allem die Toskana.

Meine größte Überraschung kam, als Vicki mir verriet, dass auch sie einen Menschen verloren hat, der ihr sehr nahe stand. In ihrem Fall war es ihre Schwester Heather. Ihre Beziehung zu Heather ähnelte der engen Beziehung, die ich zu Dory hatte. Vicki liebte und vermisste Heather immer noch. Dorys Tod hatte eine Leere in meinem Herzen hinterlassen, die ich füllen musste. Wir hatten beide eine Leere in unserem Leben, die wieder gefüllt werden musste. Nachdem Vicki und

11

ich stundenlang darüber gesprochen hatten, stellten wir fest, dass wir geistige Schwestern sind und uns genau im richtigen Augenblick unseres Lebens gefunden haben. Wir brauchten beide die Unterstützung, den Rat und die Liebe einer Schwester. Auch wenn wir ein erfülltes Leben mit liebevollen Partnern, Kindern und Freunden hatten, so spürten wir doch, dass eine Speiche im Rad fehlte. Wir hatten das Gefühl, im anderen das gefunden zu haben, wonach wir all die Jahre gesucht hatten.

Durch die Offenbarung, dass wir Schwestern sind, kam die Sicherheit, dass Dory und Heather unsere Begegnung und unsere Freundschaft arrangiert hatten. Noch immer wachten unsere geliebten Verstorbenen über uns, beschützten und sorgten für uns. Das Universum hatte uns beiden im richtigen Augenblick genau das gegeben, was wir brauchten. In den nächsten Monaten wurden Vicki und ich sehr enge Freunde. Wir wissen oft, was der andere denkt oder fühlt. Wir verbringen sehr viel Zeit damit, gegenseitig schallend über unseren Humor zu lachen. Wir unterstützen einander in schweren Zeiten und teilen unsere Freude in glücklichen Zeiten. Wie Schwestern teilen wir uns die Last des Lebens, wenn sie zu schwer scheint. Wir können uns gegenseitig alles anvertrauen und – was das Wichtigste ist – wir haben uns lieb, wie nur Schwestern sich lieben können.

Vicki sagte einmal zu mir: »Blut bedeutet nichts. Die spirituellen Verbindungen, die man knüpft, zählen.« Anders ausgedrückt besteht die Familie – ob Blutsverwandte oder Wahlverwandte – aus den Menschen, die einen lieben und unterstützen. Es ist unwichtig, ob man dieselben Eltern, denselben Namen oder die gleichen Gene teilt. Wichtig ist nur, dass Seelen sich verbinden und füreinander sorgen. Ich werde in diesem Leben und danach für meine Schwester Vicki sorgen. Unsere Seelen sind für immer miteinander verbunden, und ich weiß, dass ich nie mehr wie eine Fremde durchs Leben gehen werde. Ich liebe dich, Schwester!

Dies ist ein Bericht, den Dr. Elisabeth Delprete, M. D. für dieses Buch zur Verfügung gestellt hat. Dr. Delprete praktiziert seit einigen Jahren als Ärztin im Bundesstaat Maine und nahm an einem von Dr. Monroes Seminaren teil. Später machte sie einen Termin für eine Einzelsitzung bei Dr. Monroe aus.

14

1

Die Welt kann es nicht glauben

Wie engelsgleich kam ich doch her!
Wie strahlend hell ist alles hier!
Als ich inmitten seiner Schöpfung angekommen bin,
Ach, wie haben wir ihren Glanz gekrönt!
Die Welt ist seiner Ewigkeit so nah,
in der meine Seele schon mal ging,
Und alles, was mein Auge sah,
Sprach mich an.
Thomas Traherne

Es gibt wohl niemanden, der sein Lebensziel von Anfang an kennt. Das Leben ist eine Reihe von Erlebnissen, eine Blaupause, die wir selbst entwerfen. Unsere Seele haben sie schon entworfen, bevor wir in dieses und alle früheren Leben geboren wurden.

In meinem Fall dauerte es einige Zeit, mich an das Wissen zu gewöhnen, dass ich die Seelen Verstorbener sehen kann. Mir wurde nur langsam klar, dass dies keine Eigenschaft ist, die jedem gegeben ist. Es war etwas, das ich in den ersten zwölf Lebensjahren auf schwierige und peinliche Weise herausfand – und das nicht nur für mich selbst, sondern auch für meine Familie.

An einem kühlen Herbsttag spielte ich mit einer Freundin auf dem Schulhof. Gegenüber voneinander baumelten wir vom Barren und wetteten kichernd, wer von uns sich am längsten festhalten könnte. Plötzlich bemerkte ich einen Mann, der hinter meiner Freundin stand. Sie hatte mir vor kurzem erzählt, dass ihr Großvater krank sei und sie ihn nicht besuchen dürfte.

Als Kind glaubte ich noch, dass jeder das sehen könnte, was ich sah und dachte mir nichts dabei, den Mund aufzumachen und ihnen zu sagen, was ich sah und hörte. »Dein Großvater ist hier, um von dir Abschied zu nehmen«, sagte ich deshalb zu meiner Freundin. Ich war froh, ihr mitteilen zu können, dass sie sich jetzt keine Sorgen mehr um ihn machen musste. »Er sagt, solange du ihn brauchst, wird er dich beschützen. Und wenn du mit ihm reden willst, kann er dich in deinen Träumen besuchen.«

Ich war in diesem Augenblick so glücklich für sie, dass mir nicht auffiel, dass meine Freundin aufgehört hatte am Barren hin und her zu schwingen. Sie stand auf dem Boden und starrte zu mir herauf. »Solche Sachen darfst du nicht sagen«, meinte sie heftig. »Er ist nicht tot. Du bist ja bloß gemein und ich will nicht mehr deine Freundin sein!«

Ich sprang vom Barren herunter und sah sie mit großen Augen an. Ich verstand nicht, warum meine Botschaft sie so verstört hatte. Ich hatte doch nur das getan, was alle tun können, oder? Ihr stiegen die Tränen in die Augen, und bevor ich es erklären konnte, rannte sie zur Pausenaufseherin und erzählte ihr, was ich gesagt hatte. Daraufhin wurde meine Freundin ins Schulgebäude gebracht, während man mich auf dem Hof stehen ließ. Der Großvater war immer noch da und hatte die Arme um mich gelegt. Er sagte: »O je, Kleine, du hast nichts Unrechtes getan! Eines Tages wird sie begreifen, was du für sie getan hast. Aber du musst verstehen, dass nicht alle Menschen das können, was du kannst. Sie können die Seelen, die von einer Welt in die andere übergehen, nicht sehen. Du musst versuchen, deine Fähigkeit so gut es geht für dich zu behalten. Irgendwann, wenn die anderen dafür bereit sind, werden sie deine Botschaften hören wollen.« Dann kniete er sich hin und umarmte mich, doch ich dachte nur an meine Freundin. Was für seltsame Dinge hatte der Mann zu mir gesagt! Es klang, als wollte er mir einreden, ich sei ein Monster und anders als meine Klassenkameraden. Ich konnte nur den Kopf schütteln, während mir die Tränen aus den Augen strömten. Er wischte sie weg und verschwand. Ich blieb allein zurück und fühlte mich einsam und verwirrt.

Unseren Schuldirektor hatte ich noch nie gemocht wegen all der Gerüchte, dass er sehr streng und hart sein konnte. Nun bekam ich natürlich Angst. Frierend und wie betäubt wartete ich, bis die Pausenglocke klingelte. Dann reihte ich mich in die Schlange ein, die zurück ins Schulgebäude ging. Ich stand bei meiner Klasse und hoffte, nicht in sein Büro gerufen zu werden. Dabei überlegte ich besorgt, was meine Freundin wohl verraten haben könnte. Dann betrat ich das Klassenzimmer, hängte meinen Mantel auf und setzte mich. Kurz darauf schallte es über die Sprechanlage: »Würde Vicki Chadbourne bitte in das Büro des Direktors kommen?« Meine Lehrerin, die ich sehr mochte, sah mich erstaunt an und winkte mich an ihr Pult. »Ist alles in

Ordnung, Vicki? Kannst du allein hingehen?« Ich nickte, doch sie kannte mich zu gut. Also nahm sie mich an der Hand und trug der Klasse auf, im Geschichtsbuch weiter zu arbeiten, bis sie in einer Minute wiederkäme.

Es war der unangenehmste Weg, den ich je zurückgelegt hatte. Die warme Hand meiner Lehrerin hielt tröstend meine kalte Hand. Ich war froh, dass sie mitkam und wurde ruhiger, während wir auf das Büro zugingen. »Was immer es ist, ich bin sicher, es wird in Ordnung kommen«, sagte sie. Ich hatte meine Zweifel daran.

Wir wurden sofort in das Vorzimmer eingelassen, und meine Lehrerin wurde gebeten, zurück ins Klassenzimmer zu gehen, da die Sache nicht sie betraf. Während ich ihr hinterher schaute, schnürte sich meine Kehle vor Panik zu und mein Magen verkrampfte sich. Meine einzige Verbündete war weggeschickt worden. Nun war ich allein. Ich wartete im Vorzimmer; es kam mir wie eine Ewigkeit vor. Die Sekretärin beobachtete mich mit seltsamem Blick.

Schließlich öffnete sich die Tür zum Zimmer des Direktors. Ich sprang auf, als ich meine Freundin aus seinem Büro kommen sah. Wieder versuchte ich, ihr zu erklären, dass es mir Leid tat, sie so zu erschrecken. Doch hinter ihr tauchte ihre Mutter auf und brachte mich mit einem Wink zum Schweigen. »Ich finde, du hast genug Unheil angerichtet, Vicki. Ich möchte nicht, dass du weiterhin mit ihr redest. Ich weiß zwar nicht, was für einen schlimmen Streich du ihr gespielt hast, aber wir hatten gerade einen Todesfall in der Familie. Es war grausam von dir, ihr das zu sagen, ohne dass sie es wusste!«

Sie liefen hastig an mir vorbei. Ich spürte ihre Wut und Trauer. Es war wie ein Schlag in die Magengrube. »Vicki Chadbourne, bitte eintreten«, sagte eine Stimme aus dem Büro. »Und mach die Tür hinter dir zu.« Voller Angst spähte ich hinein. Ich wünschte mir sehnlichst, dass irgendjemand mir zu Hilfe käme.

Der Direktor stand hinter seinem Schreibtisch und kam mir vor wie ein Riese. Ich schluckte und setzte mich auf den Stuhl vor seinem Schreibtisch. Es schien eine Ewigkeit zu vergehen, bevor er anfing zu sprechen. »Ich kenne dich zwar noch nicht, Vicki, aber ich habe gehört, du seist ein nettes Mädchen. Was hat dich dazu gebracht, solche schrecklichen Sachen zu einer Mitschülerin zu sagen, die deine Freundin ist?« Dann wandte er sich mir zu und schaute mich fragend an. Meine Angst legte sich ein wenig und ich konnte ihm in die Augen sehen. Ich erzählte ihm, was ich gesehen und erlebt hatte. Während er hinter dem Schreibtisch auf und ab ging, hörte er mir aufmerksam zu. »Passiert dir das oft, dass du Verstorbene siehst?«, fragte er. Ich wusste nicht, was ich darauf antworten sollte. Am liebsten hätte ich laut heraus geschrien: »Ja, schon seit ich denken kann!« Ich erinnerte mich an den Altar in der Kirche, den ich im Alter von drei Jahren gesehen hatte, aber den hatten doch auch alle anderen sehen können! War ich wirklich verrückt? Bildete ich mir alles nur ein? Was stimmte nicht mit mir?

Zögernd versuchte ich, die Wahrheit zu sagen, ohne in noch größere Schwierigkeiten zu geraten. Ich fürchtete auch, dass alle Mitschüler es erfahren würden. Ich wusste, dass sich an unserer kleinen Schule ein Gerücht in Windeseile verbreiten konnte. Doch ich hatte gehofft, es so lange wie möglich für mich behalten zu können. Ich unterdrückte das Zittern in meiner Stimme, während ich sagte: »Ich sehe Leute, aber ich weiß nicht warum. Ich habe sie nicht gerufen, aber sie tauchen dauernd auf. Und dann soll ich jemandem, den sie lieb haben, überbringen, dass es ihnen gut geht. Ich hab gedacht, ich würde meiner Freundin helfen. Ich wusste nicht, dass es sie zum Weinen bringen würde. Ich wollte sie nicht zum Weinen bringen! Ich habe ihr bloß die Wahrheit gesagt!«

Nun hatte ich es getan. Ich hatte die Wahrheit ausgesprochen. Ich konnte mich nun zurücklehnen und mein Schicksal akzeptieren. Der Direktor ging aus dem Zimmer, und ich wartete, während er mit jemandem telefonierte. Ich konnte hören, dass es meine Mutter war. Gott sei Dank! Meine Mutter hatte schon immer von meiner Fähigkeit gewusst. Sie hatte noch nie ein negatives Wort darüber verloren und mich immer Ernst genommen. Ihre Liebe und Ermutigung waren wundervoll. Ich dankte Gott für meine Mutter. Wenn mir jemand zu Hilfe kommen konnte, dann war sie es.

Ich sprang auf, als der Direktor wieder das Büro betrat. Er ließ die Tür zuknallen und sein Gesicht war rot angelaufen. Ich ließ mich wieder auf den Stuhl sinken. »Deine Mutter hat den Quatsch, den du vorhin fabriziert hast, auch noch bestätigt! Sie behauptet, du hättest schon immer Verstorbene gesehen. Sie sagt, sie hätte den Fehler gemacht, dir nicht zu sagen, dass nicht jeder so etwas sehen kann.« Er starrte mich an und fragte: »Siehst du in diesem Augenblick jemanden hinter mir?«

Noch bevor ich die Frage bejahen konnte, sah ich eine hübsche junge Frau – seine Tochter – hinter ihm stehen. Doch er schnitt mir das Wort ab. »Genau das dachte ich mir! Du erfindest diesen Blödsinn, um Aufmerksamkeit zu erringen. Du kannst keine Toten sehen, das ist unmöglich. Was du deiner Freundin angetan hast, ist grausam. Da es keinen Grund dafür gibt, bin ich gezwungen, dich drei Tage von den Pausen auszuschließen.«

Ich seufzte, doch mir war klar, dass die Strafe viel schlimmer hätte sein können. Ich wusste, dass andere zuhörten, wenn meine Mutter die Wahrheit sagte, auch wenn sie nicht ihre Meinung teilten. »Du wirst dich bei der Familie deiner Freundin schriftlich entschuldigen. Ich brauche eine Abschrift für meine Unterlagen.« Dann schickte er mich zurück in mein Klassenzimmer. »Und verliere kein weiteres Wort darüber, verstanden?« Ich schüttelte den Kopf und ging schnurstracks zur Tür. »Vicki, wenn du dir weiterhin einbildest, Verstorbene zu sehen, wirst du ein sehr einsames Leben führen und oft zum Arzt gehen müssen. Das ist der falsche Weg, um Aufmerksamkeit zu bekommen«, sagte er zum Abschluss. Ich nickte und ging zu meiner Klasse zurück.

An diesem Tag konnte ich es kaum erwarten, bis endlich Schulschluss war. Dabei hatte der Tag wie jeder andere begonnen. Ich sprang aus dem Schulbus und rannte in unser Haus. Wie immer wartete meine Mutter schon auf mich. Ihre herzliche Umarmung ließ mich hoffen, dass alles bald vergessen sein würde. Ich wollte nie wieder jemanden sehen müssen, den ich nicht sehen wollte. Ich ahnte nicht, dass dies erst der Anfang meiner Begegnung mit den Verstorbenen war.

Die Schule wurde leichter, als ich gelernt hatte, mich unter Kontrolle zu halten. Ich war eine durchschnittliche Schülerin, die festgestellt hatte, dass das Zusammensein mit anderen viel mehr Spaß machte als Geometrie. Ich war die ganzen vier Jahre auf der Highschool die Anführerin der Cheerleaders. Meine beste Freundin allerdings war meine Schwester, denn der Altersunterschied zwischen ihr und mir betrug nur elf Monate. Keiner unserer Freunde erfuhr jemals von meiner spirituellen Fähigkeit oder dem Zwischenfall mit meiner früheren Freundin auf dem Schulhof. Ich behielt alles für mich und glaubte, die Fähigkeit zu verlieren, wenn ich sie nicht beachtete. Noch nicht einmal meine Geschwister wussten, dass ich ein großes Geheimnis vor der Welt versteckte. Ich hoffte und betete, dass niemand es je herausfinden würde.

2

Der Tag, auf den die Seelen gewartet hatten

Im Jahr 1982 heiratete ich Bret, den Mann meiner Träume. Ich liebte meinen Mann schon, als er noch nicht einmal wusste, wer ich war. In dem Augenblick, als ich ihn mit vierzehn bei einem Basketballspiel sah, verliebte ich mich in ihn. Er war damals sechzehn und ging auf die Highschool. Es dauerte noch viele Jahre, bis er mich als reife, attraktive Frau wahrnahm, mit der er eine Zukunft aufbauen könnte. Wir hatten beide schon den Highschoolabschluss und einen Job, als unsere Beziehung anfing. Auch wenn wir beide noch jung waren, heirateten wir mit Anfang zwanzig. Unser Hochzeitstag fiel auf den 11. September 1982 – wir ahnten nicht, was für ein tragisches Datum dies später für Amerika bedeuten würde. Für mich war es der glücklichste Tag meines Lebens.

Mein Mann ging bald darauf in die Navy. Er verpflichtete sich für ganze sechs Jahre. Das gab uns genügend Zeit, um eine Familie zu gründen. Da wir in Deutschland stationiert waren, hatten wir das Vergnügen, viele schöne und aufregende Orte in Europa kennen zu lernen. Während der Zeit in der Navy bekamen wir drei wundervolle und lebhafte Jungen, die wir geradezu anbeten. Ich war mit allen möglichen Jobs, Babysitten und meinem Haushalt vollauf beschäftigt. Bei all unseren Reisen wurde Deutschland mein Lieblingsland. Mich faszinierte die Geschichte dieses alten Landes, und ich genoss die Erlebnisse und Erfahrungen, die es mir bieten konnte. Wir flogen zwar so oft wir konnten nach Hause, doch wir freuten uns immer, wenn wir zu unserem geruhsameren Leben auf dem Land zurückkehrten. Wir hatten auch das Glück, in Deutschland viele gute Freundschaften zu schließen, die es leichter machten, weit weg von der Heimat zu sein.

1987 kündigte mein Bruder an, dass er und seine Frau uns in Deutschland besuchen wollten. Am 24. Mai würden sie ihren ersten Hochzeitstag feiern. Ich war überglücklich, da ich Tausende von Meilen von meiner Familie getrennt war und sie sehr vermisste. Ich komme aus einer engen Familiengemeinschaft und war es nicht gewöhnt, so lange von Zuhause weg zu sein. Die Vorstellung, meinen Bruder und seine Frau wiederzusehen, war himmlisch! Meine Schwägerin war eine gute Freundin von mir und ich konnte die Ankunft der beiden kaum erwarten. Wir alle freuten uns sehr darauf.

Nach ihrer sicheren Landung in Deutschland feierten wir das Wiedersehen. Sie erzählten mir alle Neuigkeiten über die Familie zu Hause. Wir nahmen sie mit zu Fußballspielen, machten Ausflüge und zeigten ihnen die Landschaft. Wir besuchten Schlösser, Geschäfte und die herrlichen kleinen Restaurants in der Gegend. Es war Ende Mai und das Wetter war mild. Ich war so glücklich. Alles schien vollkommen zu sein. Was könnte jetzt noch schief gehen?

Nach einem besonders ereignisreichen Tag kamen wir nach Hause zurück und gingen zu Bett. Die beiden Jungen schliefen sofort ein, und es dauerte nicht lange, bis auch die Erwachsenen fest schliefen.

Am nächsten Tag wachte ich auf und machte Frühstück. Es war ein ganz gewöhnlicher Tag, außer dass meine Verwandten zu Besuch waren. Wir frühstückten gemütlich und besprachen unsere Pläne für den Tag. Ich hatte gerade damit angefangen, das Geschirr abzuräumen, als das Telefon klingelte.

Nur wenige Minuten vorher hatte Linda sich im Bad die Haare getrocknet, während die beiden Jungen im Fernsehen Cartoons sahen. Ich ging gerade aus der Küche ins Schlafzimmer. Dort roch ich den starken Duft eines bestimmten Parfüms. Ich rief Linda und fragte sie, welches Parfüm sie verwendete. Als sie ins Schlafzimmer kam, sagte sie, dass sie kein Parfüm nach Deutschland mitgenommen hätte.

»Das ist doch Halston, oder?«, meinte sie.

»Weißt du, wer das immer benutzt?«

»Wer?«, fragte ich.

»Heather. Sie trägt das immer.«

Linda und meine jüngere Schwester Heather waren eng miteinander befreundet, und Linda war sicher, dass dies derselbe Duft war. Sobald sie es ausgesprochen hatte, klingelte das Telefon. Linda ging zurück ins Bad und ich nahm den Hörer ab. Es war mein Vater aus Maine.

»Es ist Dad«, sagte ich zu Bret und Chuck, die mich fragend anschauten.

»Ach, der Boss? Er will sicher wissen, wie es uns geht.« Doch dann starrte Bret mich erschrocken an. »Da drüben ist es jetzt drei Uhr morgens!«

»Ich habe eine schlechte Nachricht«, sagte mein Vater.

»Was ist es?«, fragte ich zögernd.

»Wir haben heute Nacht Heather und Tom verloren«, antwortete er. Tom war Heathers Mann.

Ich verstand nicht, was er damit sagen wollte. »Wie meinst du das - wir haben sie verloren?«

»Sie hatten einen tödlichen Autounfall, Liebling.«

Ich wiederholte die Worte meines Vaters laut, noch bevor ich ihre Bedeutung begriff.

»Heather und Tom sind heute Nacht bei einem Autounfall ums Leben gekommen.«

Dann setzte ich mich stumm und wie betäubt hin, den Hörer ans Ohr gepresst.

Mein Vater, der offensichtlich selbst immer noch unter Schock stand, sagte: »Es tut mir so Leid, Liebling. Ich kann jetzt nicht reden. Ich ruf dich wieder an, sobald wir mehr wissen.«

Ich antwortete: »Es ist okay, Dad. Alles wird gut sein.«

Während ich den Hörer auflegte, glaubte irgendetwas in mir tatsächlich, dass alles gut sein würde. Es war das erste Mal für mich, jemanden zu verlieren, der mir so nahe stand. Es schien undenkbar. Meine Eltern, Heather und dieser Unfall waren so weit weg von Deutschland, dass ich die Realität nur sehr schwer begreifen konnte.

Bis zu diesem Augenblick hatte sich alles in meinem Leben immer wieder zum Guten gewendet, doch ich spürte, diesmal würde es anders sein. Ich fühlte, dass mein Leben sich auf mehr als eine Weise verändern würde und nichts mehr so sein würde wie vorher.

Zwei Tage lang war ich unfähig zu weinen. Wahrscheinlich war ich so viele tausend Meilen von zu Hause entfernt, dass ich keine Verbindung mehr spürte. Am zweiten Abend telefonierte ich mit meiner Mutter. Sie hatte erfahren, dass das kleine Auto von Tom und Heather nur wenige hundert Meter von ihrem Haus von einem anderen Wagen erfasst worden war. Ein Jugendlicher hatte den Unfallwagen gefahren. Er und seine drei Freunde hatten es anscheinend für cool gehalten, ohne Scheinwerfer durch ein Stoppschild zu rasen, und so war der Wagen mit der Längsseite von Heathers und Toms Auto kollidiert. Heather und Tom hatten sie noch nicht einmal kommen sehen und waren sofort tot. Der jugendliche Fahrer des anderen Wagens, der für den Unfall verantwortlich war, kam mit geringfügigen Verletzungen davon.

Der Klang der Stimme meiner Mutter brach den Damm. Endlich konnte ich weinen. Meine Tränenflut wollte gar nicht mehr aufhören.

»Wird das Leben je wieder so sein, wie es war?«, fragte ich sie schluchzend.

»Mit der Zeit wird es das«, sagte sie.

Ich glaubte ihr jedes Wort, wohl weil ich so verzweifelt daran glauben wollte. Jeder Gedanke an eine Zukunft ohne meine jüngere Schwester stach mir ins Herz, und plötzlich kamen mir tausend Fragen, auf die es keine Antwort gab. Warum ausgerechnet Heather? Warum musste sie so jung sterben? Hatten sie und Tom leiden müssen? Und wo waren sie jetzt?

Ich konnte nicht mehr aufhören zu weinen. Im Bett tröstete Bret mich, bis ich erschöpft in seinen Armen einschlief. Mitten in der Nacht wachte ich auf und hörte mich »Was?« fragen. Es war, als hätte jemand im Traum meinen Namen gerufen und meine Antwort hatte mich geweckt. Ich sah auf die Uhr; es war 2:45 Uhr morgens. Irgendwie wusste ich, dass ich aufstehen und ins Wohnzimmer gehen sollte. Zuerst versuchte ich, mich so leise wie möglich zu verhalten, um Bret nicht zu wecken. Aber ich spürte, dass er nicht aufwachen würde, egal wie laut ich wäre. Als ich ins Wohnzimmer kam, schliefen Chuck und Linda auf dem Ausziehsofa, das rechts stand. Wieder wusste ich irgendwie, dass sie nicht aufwachen würden. Ich warf einen Blick auf die Kuckucksuhr und sah, dass sie um genau 2:45 Uhr stehen geblieben war.

Es kam mir nicht wie ein Traum vor, auch wenn alles seltsam surreal wirkte. Ich spürte eine Gegenwart zu meiner Linken. Als ich den Kopf wandte, sah ich meine Schwester Heather, die in Brets Sessel saß. Ihr Mann Tom saß mit gekreuzten Beinen vor ihr auf dem Boden. Ich werde nie vergessen, was sie anhatte: eine pinkfarbene Bluse, dazu Bluejeans und pinkfarbene Stöckelschuhe. Tom trug einen weiten cremefarbenen Wollpullover, Jeans und Turnschuhe. Sie schienen auf mich gewartet zu haben.

Mein erster Gedanke war: »Gott sei Dank! Es ist nicht wahr! Ihr seid nicht gestorben.« Dann stand Heather auf und ich sah ein helles

Schimmern um ihren Kopf. Beide hatten eine strahlende Schönheit, die übernatürlich war. Ich stand wie betäubt im Wohnzimmer und starrte die Vision an. Da wurde mir klar, dass sie wirklich von uns gegangen waren. Sie waren ganz offensichtlich nicht mehr auf dieser Erde.

Ohne etwas zu sagen, kam Heather auf mich zu und legte die Arme um mich. Während wir uns umarmten, konnte ich sie spüren, doch es war mehr als nur eine körperliche Berührung. Es war, als könnte ich ihr Wesen in allen Körperzellen wie eine tröstliche Energie aus Wärme, Liebe und Frieden fühlen. Während sie mich in den Armen hielt, kam mir sofort jede einzelne glückliche Erinnerung unseres ganzen gemeinsamen Lebens wieder in den Sinn. Ich spürte ihre tiefe Liebe zu mir und all die wunderbaren Gefühle, die wir geteilt hatten, in einem einzigen überwältigenden Augenblick. Ich wollte den Moment für immer festhalten. Freudentränen liefen mir über das Gesicht. Schließlich ließ Heather mich los und Tom stand langsam auf. Sie trat zurück, als er mich zur Begrüßung umarmte. Wieder spürte ich eine Welle der liebevollen Energie, auch wenn sie nicht so intensiv war wie die Energie, die von Heather ausgegangen war. Dann hörte ich seine Stimme in meinem Kopf, obwohl seine Lippen sich nicht bewegten. Er kommunizierte in Gedanken mit mir.

»Warum setzt du dich nicht, jetzt, da du weißt, dass wir hier sind? Wir müssen über ein paar Dinge reden«, sagte er ohne Umschweife. Er war sanft und zugleich ernst, so als müssten wir gleich zur Sache kommen. Ich sah Heather an. Sie nickte und beide setzten sich. Ich setzte mich auf ein Sofa, das nicht von Chuck und Linda benutzt wurde, die beide fest auf dem anderen Sofa schliefen. Ich kuschelte mich in ein paar Kissen und wischte mir die Tränen ab.

Hunderttausend Fragen schwirrten mir durch den Kopf. »Wie ist es passiert? War es Zeit für euch zu gehen? Musstet ihr leiden?«

Heather und Tom hörten meine Gedanken. »Beruhige dich«, sagte Heather. »Ja, unsere Zeit war gekommen. Als der Unfall geschah, habe ich sofort meinen Körper verlassen. Wir haben nicht gelitten. Das ist der Normalfall. Die Seele verlässt den Körper noch vor dem Zusammenprall, wenn der Tod unausweichlich folgen wird.«

«Seid ihr in ein Licht gegangen? Haben Verwandte schon auf euch gewartet? Ist euer Leben vor euren Augen wie ein Film abgelaufen? Wie ist es da, wo ihr jetzt seid?«

Tom sah mich liebevoll an und sagte: »Ja, das stimmt alles. Aber Vicki, das musst du doch nicht fragen – du kennst die Antworten längst. Kannst du dich noch an unsere Gespräche über das Leben nach dem Tod erinnern, und an den ganzen atheistischen Quatsch, den ich gesagt habe?«

Ich nickte. Ich konnte mich gut an die langen Gespräche erinnern, die ich mit Tom über Spiritualität und das Leben nach dem Tod geführt hatte.

»Du hattest so Recht«, sagte er nun. »Es tut mir Leid, dass ich dir nicht geglaubt habe. Durch deine Erfahrungen weißt du mehr, als dir bewusst ist, und das sollst du wissen. Vicki, du würdest nicht glauben, wie schön es hier ist.«

Ich weiß nicht, ob es sein Blick oder seine Worte waren, doch plötzlich wurde ich von Glückseligkeit überwältigt. Es war nicht, weil ich Recht behalten hatte und er sich über das Leben nach dem Tod geirrt hatte, sondern weil alles, an was ich bisher geglaubt hatte, nun von zwei Menschen bestätigt wurde, die ich liebte und denen ich vertrauen konnte.

Dann sagten mir Heather und Tom, dass sie gekommen waren, um mir über das Leben nach dem Tod und damit verbundene spirituelle Dinge zu berichten. Dies war der richtige Augenblick, um ihnen all meine Fragen zu stellen und von ihnen alle Antworten zu erhalten, die ich brauchte. Sie wollten mir helfen, das zu bestätigen, was ich im Grunde schon wusste, und die spirituellen Eingebungen, die ich aus meinen Erfahrungen mit Seelen, die ich gesehen hatte, auf eine neue Bewusstseinsebene zu bringen.

Schweigend saß ich auf dem Sofa und nahm alles in mich auf, als Heather das Gespräch unterbrach: »Willst du das Ganze nicht lieber aufschreiben?«

Sie zeigte auf einen Stift und einen Schreibblock neben mir. Ich weiß nicht, ob die Schreibutensilien schon dort gelegen hatten oder ob Heather und Tom sie irgendwie herbeigezaubert hatten, aber sie waren real. Ich fing an, alles aufzuschreiben, während ich ihnen in Gedanken Fragen stellte.

»Wie ist es dort, wo ihr seid?«, fragte ich.

»Kannst du dich denn nicht daran erinnern?«, erwiderte Heather.

»Nein, natürlich nicht.«

»Ja, das ist ein Teil des Problems«, sagte Heather. »Wir vergessen es. Am Anfang des Lebens erinnern wir uns als Kinder noch daran, doch wenn wir älter werden, vergessen wir es. Aber man muss es nicht vergessen. Wir vergessen es, weil wir nicht innehalten, um uns daran zu erinnern. Dies wird natürlich von einer Kultur gefördert, die uns nicht beibringt, uns zu erinnern. Es ist genauso, wie wenn man aus einem Traum aufwacht. Wenn man gleich aus dem Bett springt und in Bewegung bleibt, vergisst man, was man geträumt hat. Aber wenn man sich nach dem Erwachen einen Augenblick lang darauf besinnt, sich an den Traum zu erinnern und darüber nachzudenken, bleibt er einem für immer im Gedächtnis. Das ist sehr schade, denn wenn wir uns nicht mehr an den Frieden und das Glück unserer wahren Heimat erinnern, fühlen wir uns auf der Reise durch das Leben abgeschnitten und haben Angst. Aber wir sind nicht allein, Vicki. Wir sind viel mehr miteinander verbunden, als wir wissen, und du wirst in deinem späteren Dienst anderen dabei helfen, sich daran zu erinnern.«

Ich hatte keine Ahnung, was sie mit »Dienst« meinte, aber ich war sicher, dass es mir später klar werden würde.

Als ich mich an die Kommunikation über Gedanken gewöhnt hatte, merkte ich, dass man so viel schneller miteinander kommunizieren kann. Auf jede Frage folgte sofort die Antwort. Was gewöhnlich Minuten gedauert hätte, verbal zu äußern, wurde in Sekunden gedacht. Auch war dies eine völlig neue Lernmethode für mich. Es war nicht wie das Lernen aus einem Buch oder in einem Klassenzimmer, wo man Informationen durch ständiges Wiederholen aufnimmt. Ich nahm alles, was Heather und Tom mir beibrachten, sofort auf und wusste auch gleich, dass es die Wahrheit war. Obwohl ich ein paar Details aufschrieb, merkte ich, dass die Notizen mich behinderten, und so schrieb ich nur wenig nieder.

So vergingen drei Stunden. Sie kamen mir wie zwanzig Minuten vor. Ich hatte zwar mehrere Blätter mit Notizen voll geschrieben, doch ich fragte mich, wozu ich sie überhaupt brauchte, da alle Informationen in meinem Gehirn gespeichert waren. Es gab keinen Abschied von Heather und Tom. Mir war klar, dass ich sie wiedersehen würde, auch wenn ich nicht wusste wann. Gegen 5:45 Uhr morgens fand ich mich im Türrahmen zu unserem Schlafzimmer wieder. Mein erster Gedanke war, dass ich alles nur geträumt hatte. Dann sah ich den Schreibblock, den Stift und meine vielen Notizen. Darüber war ich so glücklich, dass ich Bret aufweckte und ihm von dem nächtlichen Besuch erzählte. Er schien mir zu glauben, doch vielleicht wollte er mich auch nur beruhigen, weil ich am Abend davor so verzweifelt gewesen war.

Seitdem habe ich Heather und Tom fünfzehn bis zwanzig Mal wiedergesehen. Wie oft kann ich nicht genau sagen, denn viele ihrer Besuche waren nur ganz kurz. Und dennoch erfüllte jeder ihrer Besuche einen Zweck. Einige Male lehrten sie mich nur etwas Bestimmtes, andere Male brachten sie mir viele verschiedene Dinge bei, doch keiner ihrer späteren Besuche war so überwältigend wie diese erste Begegnung.

34

3

Der Anfang meiner Berufung

Deine Seelenmission ist der Grund deines Daseins, dein Lebenssinn. Sie ist deine Berufung im Leben – zu wem du dich berufen fühlst, zu was du dich berufen fühlst. Die Mission ist eine Energie, die durch dich fließt – eine Antriebskraft, Stimme oder Passion, die du nicht ignorieren kannst ... Sie ist das, was du im Innersten deines Herzens spürst ausleben zu müssen, wenn du inneren Frieden und Harmonie erfahren willst.

Alan Seale

Ein paar Monate nach Heathers und Toms erstem Besuch bei mir erhielt ich die Nachricht von Zuhause, dass mein Vater im Alter von neunundvierzig unheilbar an Knochenkrebs erkrankt war. Bret beantragte seine Versetzung in die Air Force, um zurück in die Heimat gehen zu können, und innerhalb von drei Monaten lebte ich wieder in den Vereinigten Staaten. In den nächsten Jahren machte ich Erfahrungen mit einer anderen Art von Sterben. Im Gegensatz zu dem plötzlichen und unerwarteten Tod meiner Schwester war der Tod meines Vaters langsam und schmerzhaft.

Die Erfahrungen mit dem Sterben meines Vaters und Heathers machten mich meiner Sterblichkeit sehr bewusst. Ich fing an, mich über den Sinn meines Lebens zu fragen. Ich hatte das sehr starke Gefühl, irgendeine Aufgabe zu haben, doch ich hatte keine Ahnung, was das für eine Aufgabe war. In den darauf folgenden Jahren gebar ich noch zwei Kinder. Bret und ich bauten ein Haus und ich machte eine Ausbildung zur Krankenschwester. Bald darauf arbeitete ich in einem Pflegeheim.

Die Arbeit als Krankenschwester in einem Altersheim war ganz anders als ich es mir vorgestellt hatte. Auch wenn ich sehr gern mit alten Menschen arbeitete, störte mich von Anfang an die Art, wie einige der Ärzte und Schwestern die Sterbenden behandelten. Viele der medizinisch ausgebildeten Fachkräfte zeigten weder Mitgefühl noch Interesse an den alten Menschen, die im Sterben lagen. Mir war zwar auch bewusst, dass sie nicht das Privileg meiner spirituellen Erfahrungen mit anderen Menschen hatten, doch sie wollten auch nichts davon hören. Wenn sie sahen, dass ich mich um die Sterbenden kümmerte und ihnen manchmal auch Botschaften von ihren Lieben überbrachte, deren Seelen auf sie warteten – was immer eine beruhigende und tröstende Wirkung auf die Patienten hatte –, mahnten sie mich ab oder machten sich über mich lustig.

Nach einem langen, frustrierenden Kampf mit dem Status Quo hängte ich den Beruf der Altenpflegerin an den Nagel, um der Frustration zu entgehen, die aus dem Wissen entstand, dass meine Begabung zwar Menschen Trost spenden konnte, doch dass mir nicht erlaubt wurde, sie zu nutzen. Ende der achtziger Jahre und Anfang der neunziger Jahre war es nicht gesellschaftsfähig, ein Medium zu sein. Es gab auch keine Fernsehsendungen, in denen ein Medium die spirituelle Kommunikation mit den Zuschauern demonstrieren konnte, und die meisten Leute wussten auch nicht, was der Unterschied zwischen einem Wahrsager und einem Medium ist. Meine Fähigkeit, mit Seelen zu kommunizieren, war für die meisten Leute noch nichts Interessantes, sondern eher etwas Merkwürdiges und Ungewöhnliches. Wenn sie damit konfrontiert wurden, wussten die Meisten nicht, was sie davon halten sollten.

Da ich den starken Drang verspürte, meiner Fähigkeit zu entrinnen, suchte ich nach einem Beruf, der eher physisch als metaphysisch war. So wurde ich Mechanikerin in einer Autowerkstatt. Ich machte Ölwechsel, wechselte Reifen und holte mir schwarze Fingernägel. Zuerst war es ein herrlicher Job, denn außer dem Mädchen am Empfang arbeitete ich ausschließlich mit einem Haufen Männer zusammen, die sich einen Dreck um meine übernatürlichen Erlebnisse scherten. Mir war zwar klar, dass dieser Berufswechsel etwas extrem war, doch ungewöhnliche Umstände rufen nach außergewöhnlichen Maßnahmen. Im Rückblick versuchte ich wahrscheinlich, den Konflikten aus dem Weg zu gehen, die durch das Sehen und Hören der Seelen verursacht wurden. Dieser Job war vermutlich so weit davon weg wie nur möglich. Das Komische am Schicksal ist jedoch, dass das Leben uns nicht nur eine Chance bietet, es zu ergreifen. Wenn wir eine Gelegenheit versäumen, unsere Aufgabe in diesem Leben zu erfüllen, warten die nächsten Chancen gleich hinter der nächsten Ecke auf uns. Es muss wohl nicht erwähnt werden, dass ich in dem Augenblick um die Ecke bog, in dem ich dies am wenigsten erwartete.

Ich genoss meinen neuen Job in der Autowerkstatt, ohne einen Gedanken an Seelen oder die spirituelle Welt zu verschwenden. Doch als ich eines Tages in das Auto eines Kunden stieg, um einen Ölwechsel vorzunehmen, war alles plötzlich wieder da. Ich wusste sofort, dass das Auto in einen Unfall verwickelt gewesen war, bei dem jemand verletzt worden war. Meine spirituellen Fähigkeiten meldeten sich wieder. Ein paar Tage später hörte ich die Stimme einer Frau, die auf der Toilette der Werkstatt sang. Das war nichts allzu Ungewöhnliches – bis ich merkte, dass ich die Einzige auf der Toilette war – das heißt, die einzige Frau in einem menschlichen Körper. Anscheinend war die Werkstatt auf dem ehemaligen Grundstück eines Privathauses erbaut worden und die Frau war auf dem Grundstück begraben worden. Wieder gaben meine Fähigkeiten mir Informationen, um die ich nicht gebeten hatte.

Bald stellte ich fest, dass ich meiner spirituellen Begabung nicht entfliehen konnte. Nachdem die Faszination des neuen Jobs verklungen war, holte mich der innere Drang, der mich zur Ausbildung als Krankenschwester und der Arbeit im Altersheim gebracht hatte, wieder ein. Ich wusste, es gab etwas, das ich tun sollte, doch ich hatte immer noch keine Ahnung, was es war. Vielleicht fragen Sie sich, warum mir meine Berufung zur spirituellen Kommunikation nicht längst klar war, warum ich meine Fähigkeit, mit Seelen zu sprechen, nie als Karrierechance ansah. Ich konnte mir einfach nicht vorstellen, meine Begabung in einem Beruf auszuüben, und wer würde mich dafür bezahlen, wenn so viele Leute mir nicht glaubten, dass ich Seelen hören und sehen konnte? In meinem Denken passten die Begabung, die ich gelernt hatte zu verbergen, und die Leere in meinem Leben, die ich füllen wollte, nicht zusammen. Obwohl es im Rückblick so offensichtlich erscheint, sah ich es damals noch nicht.

Also suchte ich mir wieder einen Job, von dem ich mir die Erfüllung erhoffte. Ich hatte schon immer Pferde geliebt und so wurde ich Verwalterin eines 300 Jahre alten Gestüts mit intakten Pferdeställen. Doch sobald ich mich dort eingelebt hatte, wurde mir die Vergangenheit des Gestüts bewusst. Das heißt, ich begann wieder, Seelen zu sehen. Ich sah Soldaten im Bürgerkrieg, Soldaten im Unabhängigkeitskrieg und eine Frau, die im Stall erhängt wurde. Ich sah, dass dort einst ein Feuer gewütet hatte. Hätte ich verstanden, dass all das eine Bedeutung für mich hatte, dass es eine Übung für das, was später kommen sollte, war, dann hätte ich die Erfahrung vielleicht positiver angesehen. Doch stattdessen verwirrten meine Visionen mich, und ich verstand nicht, warum ich Dinge sah, die kein anderer sehen konnte. Da die Menschen immer noch die Augen verdrehten, wenn ich über meine Erlebnisse redete, behielt ich sie meistens für mich. Wie zu erwarten war, konnte auch diese Arbeit das Gefühl in meinem Herzen nicht verdrängen, dass ich eigentlich etwas ganz anderes tun sollte.

Da ich auf der Schwesternschule gewesen war und mich schon immer für ganzheitliche Heilung interessierte, ging ich zurück auf die Schule, um Naturheilpraktikerin zu werden. Meine Studien der Naturheilkunde erfüllten mich mehr als alles, was ich bisher versucht hatte, und so tauschte ich während des Studiums meinen Job auf dem Gestüt gegen eine Stelle in einem Reformhaus ein.

Die Naturmedizin faszinierte mich, und mit den Kunden im Laden über das zu reden, was ich gerade lernte, befriedigte mich. Ich hatte das Gefühl, etwas zu erreichen, indem ich anderen helfen konnte. Nachdem ich den ersten Abschluss in Naturheilkunde in der Tasche hatte, arbeitete ich als Naturheilpraktikerin, während ich weiter studierte, um den Doktortitel zu machen. Alles fühlte sich richtig an, und ich glaubte, endlich meine Zukunft zu kennen.

Als Verkäuferin durfte ich keine ganzheitlichen Beratungen durchführen, doch der Geschäftsführer erlaubte mir, meine Geschäftskarten auf die Theke zu legen, auf denen ich meine Dienste als Naturmedizinerin anbot. Nun konnte jeder Kunde, der erfahren wollte, welche Vitamine, Mineralien, Kräuter und natürlichen Heilmittel seine Beschwerden erleichtern würden, mich für mein Wissen bezahlen. Innerhalb von ein paar Tagen steckte eine Kundin meine Karte ein und rief mich wegen einem Beratungstermin an.

Als Elisabeth in mein Büro kam, wollte sie nur eine ernährungswissenschaftliche Beratung. Doch während der Untersuchung hörte ich plötzlich einen lauten Schlag auf meinem Schreibtisch und fuhr zusammen. Interessant war, dass Elisabeth anscheinend nichts gehört hatte. Dann sah ich den Geist ihrer Großmutter. Sie versuchte, mich auf sich aufmerksam zu machen, indem sie mit ihrem Stock auf meinen Schreibtisch klopfte. Sie bestand darauf, dass ich Elisabeth sagen sollte, dass sie da war. Zuerst dachte ich: ›Redet diese Seele wirklich mit mir?‹ Außer den Seelen von Freunden und Verwandten hatte bisher noch keine Seele eines Fremden direkt zu mir gesprochen, das heißt, mich gebeten, jemandem eine Botschaft zu überbringen, den ich nicht kannte. Ich konnte es kaum glauben – und das während meiner ersten naturmedizinischen Beratung! Das behagte mir ganz und gar nicht. ›Auf keinen Fall‹, dachte ich. ›Hier sitzt meine erste Klientin. Sie wird mich für verrückt halten.‹ Ich versuchte, Elisabeths Großmutter zu ignorieren, doch sie blieb beharrlich. ›Sagen Sie ihr, dass ich hier bin‹, drängte sie. ›Sie muss es erfahren.‹ Als mir klar war, dass sie nicht verschwinden würde (das war, bevor ich lernte, bei Seelen Grenzen zu ziehen), fragte ich Elisabeth, ob sie eine Großmutter hätte, die verstorben war. Dann sagte ich ihr, dass ihre Großmutter hinter ihr stand und ihr vermitteln wollte, dass sie da war. Es stellte sich heraus, dass Elisabeth erfrischend offen für diese Information war, was mich immens erleichterte. Ich setzte die naturmedizinische Beratung fort, die sich als Erfolg erwies, doch es waren die Botschaften ihrer verstorbenen Großmutter, von denen Elisabeth später ihren Freunden erzählte. Bevor ich mich versah, schickte sie mir ihre Bekannten. Sie alle wollten keine Beratung in Ernährungsfragen, wofür ich jahrelang studiert hatte, sondern mit den Seelen ihrer Verstorbenen kommunizieren – das, was ich schon immer gekonnt hatte. Die Ironie des Ganzen entging mir nicht.

Elisabeth schickte mir eine Gruppe von drei Leuten, die sich eine Sitzung und das Stundenhonorar teilten. Das war ein so neues Terrain für mich, dass ich Angst hatte, die gerufenen Seelen könnten nicht erscheinen, doch ich beruhigte mich damit, dass ich kein Honorar verlangen bräuchte, wenn nichts passierte.

Die Seelen der Verstorbenen erschienen tatsächlich und ich überbrachte meinen Klienten ihre Botschaften. Einer meiner Klienten hieß Derek. Er war von der Sitzung besonders berührt. Ein paar Tage später empfahl er mich seinem Schwager, einem Mann, der mein Freund und Geschäftspartner wurde. Ich nenne ihn John.

4

Eine Sitzung verändert mein Leben

Dereks Schwager John rief mich an einem Sonntagmorgen an. Er klang sehr geschäftsmäßig und kam gleich auf den Punkt. Ich konnte an seiner Stimme hören, dass er von dem, was Derek ihm erzählt hatte, fasziniert war. Auch spürte ich sofort, dass er mir nicht glauben würde, wenn ich ihm Botschaften übermitteln würde. Ich erinnerte mich daran, dass Heather mir gesagt hatte, ich würde Herausforderungen begegnen, und es war offensichtlich, dass John eine solche Herausforderung war.

Dann passierte etwas anderes zum ersten Mal. Ich begann, spirituelle Botschaften für John zu empfangen, während ich mit ihm telefonierte. Neben anderen Mitteilungen wurde mir gesagt, dass die Sitzung mit ihm wichtig sein würde. Damals dachte ich, sie sei für John wichtig, was sich auch als richtig erweisen sollte, doch ich hatte keine Ahnung, wie wichtig diese Sitzung auch für mich sein würde. Ich machte einen Termin für vier Uhr nachmittags mit John aus. Da alles noch sehr neu für mich war, überlegte ich den ganzen Tag, wie ich die Sitzung angehen sollte. Wieder war ich unsicher, ob überhaupt eine

Seele erscheinen würde. Wie ich wusste, war John jemand, der ganz präzise Botschaften brauchte, um sich zu überzeugen. Ich beschloss, ihm keine Fragen zu stellen, und er sollte nur mit »ja«, »nein« oder »vielleicht« antworten, wenn ich ihn fragen würde, ob er die Botschaften verstanden hätte. Dies würde ihm keinen Anlass geben zu glauben, ich würde mir Informationen aus seinen Antworten holen.

Als John zum Termin erschien, wurde meine Einschätzung bestätigt. Er war der Prototyp eines Skeptikers. Noch schlimmer als das – er war ironisch. Sein ganzes Verhalten zeigte mir, dass er mich nur testen wollte. Seine Ausstrahlung, seine Körpersprache und seine Zurückhaltung bezeugten das. Ich bekam das Gefühl, vom FBI verhört zu werden. Später stellte sich heraus, dass er früher tatsächlich ein Privatdetektiv gewesen war. Diese Sitzung würde nicht einfach werden.

Ich müsste lügen, wenn ich sagen würde, dass John der Sitzung positiver eingestellt war, als ich erwartet hatte. Doch die Wahrheit ist, dass er nicht gewillt war, irgendwelche Details über sich zu verraten, weder verbal noch durch seine Körpersprache. Sein Gesichtsausdruck war verschlossen; er zeigte noch nicht einmal, ob ihm die Sitzung Spaß machte. Anfangs konnte ich ihn nicht einmal ansehen, da seine Miene ausdruckslos war. Nur sein Blick schien zu sagen: »Ich werde dir beweisen, dass du allen nur was vormachst!«

Nach ungefähr fünfundvierzig Minuten und einer Vielfalt an detaillierten Informationen über ihn entdeckte ich einen Hoffnungsschimmer in Johns Augen. Ich sah, dass sich in diesem harten Skeptiker plötzlich die Möglichkeit auftat mir zu glauben. Ich begann, eine helle

Aura um ihn herum zu erkennen, wo vorher nur Dunkelheit gewesen war, und ich wusste, dass dies ein gutes Zeichen war, dass die Sitzung erfolgreich verlief. Als die Seele von Johns Vater ihm sagte, dass er ganz besonders stolz auf seinen Sohn gewesen war, während er ihm zugeschaut hatte, wie er beim Schulkonzert das Saxophon spielte, bemerkte ich, dass ihm Tränen die Wangen hinunterliefen. Ich sprang auf und reichte ihm eine Schachtel Papiertaschentücher. Ich spürte, dass keiner von uns beiden diese Sitzung jemals vergessen würde. Ich schaute während der Sitzung nicht einmal auf die Uhr und gab eine Mitteilung nach der anderen an ihn weiter.

Als ich die spezifischsten und intimsten Botschaften seines Vaters an ihn weitergab, der sich für seinen Alkoholismus entschuldigte, sein Mitgefühl für eine chronische Depression ausdrückte, unter der John gelitten hatte, und ihm für den Flieder dankte, den Johns Mutter auf sein Grab gelegt hatte, fing auch ich an zu weinen. Die Botschaften waren so präzise und bedeutsam, dass sogar ich tief von dem berührt wurde, was von seinem Vater herüberkam. Ich spürte die Tiefe der Liebe, die sein Vater für ihn empfand, so stark, als wäre er mein eigener Sohn. Johns Sitzung war die erste, in der ich die Tiefe und die Einzelheiten entdeckte, die in einer Sitzung möglich sind. Auch zeigte sie mir, mit welcher Macht eine Sitzung das Leben eines Menschen verändern kann. Johns Reaktion, die Veränderung seiner Aura und seine Erkenntnis, dass es jenseits dieser Welt viel mehr gibt, als er geglaubt hatte, zu sehen, gab mir die Bestätigung, dass mein Entschluss, die Sitzung fortzusetzen, richtig gewesen war. Es war, als hätte John einen alten

Mantel abgelegt und einen neuen angezogen, bevor er zur Tür hinausging.

Die Sitzung dauerte drei Stunden. Als sie vorbei war, sagte Johns Vater zu mir: »Sei nicht überrascht, wenn etwas passiert.« Am nächsten Tag schickte John mir eine E-Mail, dass er sein nächstes Buch über diese Sitzung und meine übersinnliche Begabung schreiben wollte. Das war im Jahr 1999. Ich hätte nie erwartet, dass es so lange dauern würde. Ich ahnte nicht, was die Zukunft bringen würde. Es war der Anfang meiner unglaublichen Reise. Es war die Geburt einer Seelenbotin.

5

Die vielen Gesichter des Zweifels

Es ist ein schwerer Fehler zu glauben, dass schon alles entdeckt worden ist –
Man könnte genauso gut glauben, der Horizont sei die Grenze der Welt.

– Antoine Marin Lemierre

In diesem Frühstadium meiner Arbeit als Seelenbotin hielt ich noch relativ wenige Sitzungen ab. Es füllte noch keine Vollzeitbeschäftigung aus. Obwohl die Anzahl der Empfehlungen, die ich durch Mundpropaganda erhielt, ständig wuchs, legte ich die meisten Sitzungen auf das Wochenende, während ich unter der Woche als Verkäuferin im Reformhaus, Mutter von vier Kindern und Doktorandin vollauf beschäftigt war.

Während mein Ruf als Seelenbotin sich nur langsam ausweitete, häuften sich die Lektionen, die mir als Botin erteilt wurden. Ich lernte schnell, dass meine Erfahrungen als Erwachsene sich nicht allzu sehr von meinen Kindheitserfahrungen unterschieden. Manche Menschen glaubten nicht, dass ich mit Seelen kommunizieren kann. Sie hielten mich für eine Lügnerin oder gar einen Scharlatan. Andere wiederum verstanden es nicht und hatten Angst davor. Und manche Leute missverstanden meine Tätigkeit, da sie sich scheinbar nicht mit ihrem religiösen Glauben vereinbaren ließ – daher musste meine Begabung etwas Böses sein.

Es gibt so viele Missverständnisse. Ich erhalte unzählbare Anrufe von Frauen, die ihren Ehemann für eine Sitzung anmelden. Doch ihre Männer sind oft skeptisch und wollen nichts mit mir zu tun haben. Gewöhnlich geben sie nur deswegen nach und erscheinen zur Sitzung, um ihrer Frau den Gefallen zu tun, weil sie glaubt, dass es ihm etwas bringt. Sie sind nervös, kommen mit einem Kassettenrecorder und Schweiß auf der Stirn. Ich finde solche Männer und Frauen immer amüsant. Sie haben eine Todesangst vor der Sitzung! Ich sage ihnen, dass ich keine Informationen von ihnen brauche, nur ein einfaches Ja oder Nein als Antwort auf meine Fragen. Gewöhnlich beruhigt sie das auch nicht.

Einen typischen Fall hatte ich neulich, als ein junger Mann, den ich Ian nenne, in mein Büro kam. Er war aus England zu Besuch hier und hatte Probleme mit seiner langjährigen Beziehung. Da er ein überzeugter Protestant war, war er über meine Tätigkeit skeptisch. Sobald er eintrat, fing er an, mir Fragen zu stellen: »Werden Sie mir jetzt meine Zukunft voraussagen? Werden meine Freundin und ich heiraten und Kinder haben? Bin ich auf dem richtigen Weg? Wie steht es um meine Gesundheit? Ich fühle mich irgendwie unwohl. Sollte ich einen Facharzt aufsuchen?«

Während ich Ian erklärte, was ich tue, merkte ich, dass er sich schon ein Urteil über mich gebildet hatte. Er lächelte mich überlegen an, während die Botschaften der Seelen an ihn eintrafen: »Es wird eine schwierige Aufgabe. Er glaubt an ein einziges Leben und an ein höheres Wesen. Er weigert sich, unsere Gegenwart anzuerkennen, selbst wenn wir uns in seinen Träumen gezeigt haben. Er lebt nur für diese Welt. Was er nicht sehen kann, existiert für ihn nicht.«

Ich versuchte zu lächeln und ihm das Vertrauen zu geben, dass ich wusste, was ich tat, damit er sich entspannen und für die Sitzung öffnen konnte. »Ich kann hören, dass Sie skeptisch sind«, sagte ich. »Sie glauben an nichts, was nicht direkt vor Ihrer Nase ist. Ihre Großmutter April hat Sie schon öfters in Ihren Träumen aufgesucht, doch Sie weigern sich, sie wahrzunehmen. Aus demselben Grund werden Sie immer wieder von Ihrer Freundin verlassen, denn Sie haben Scheuklappen. Sie sehen nur, was Sie sehen wollen, und glauben nur an das, was Sie glauben sollen. Ihre Freundin hat Sie schon sechs Mal verlassen, sagt Ihre Großmutter, und trotzdem sind Sie immer noch nicht bereit, sich zu ändern. Sie sagen, wenn sie eine Änderung will, soll sie sich ändern. Ihr Großvater Henry leitete früher eine Bank in England, direkt an der London Bridge. Sie steht dort schon seit Jahrhunderten und wurde errichtet, als die erste Brücke durch ein Feuer zerstört worden war. Sie steht im nationalen Verzeichnis historischer Stätten. Kennen Sie sie?«

Ich sah, dass die Überheblichkeit aus seinem Gesicht wich, als er mich ungläubig anstarrte. Wie gern hätte ich den Augenblick genossen, doch ich musste die Sitzung fortsetzen. Wir Seelenboten versuchen, uns nicht im Erfolg zu sonnen, wenn wir herausfinden, dass unsere Informationen akkurat sind. Ich fragte Ian: »Kommt Ihnen das, was ich Ihnen gesagt habe, irgendwie bekannt vor? Können Sie damit etwas anfangen?« Um nicht zu viel zugeben zu müssen, antwortete er: »Ja, das klingt nach meiner Großmutter. Aber wer hat nicht irgendwo eine Verwandte wie sie? Und schließlich kennt jeder einen Henry!« Ich verdrehte die Augen, als ich merkte, dass er ein echter Zweifler und sehr schwer zu überzeugen war.

Seine Großeltern schickten weitere Einzelheiten und wirkten besorgt. Doch Ian wollte nur Dinge über seine Zukunft hören. Nach einer Stunde sagte ich schließlich: »Hören Sie, Ian, Ihre Großeltern sind wirklich hier – ob Sie es glauben oder nicht. Sie beschreiben Ihr Haus, das Cricketspiel, an dem Sie letzte Woche teilgenommen haben, und sogar die Biermarke, die Sie bevorzugen! Ich kann Ihnen Ihre Zukunft nicht voraussagen. Das habe ich gleich gesagt. Ich werde nicht lügen und Ihnen erzählen, dass Ihre Beziehung, Ihre Arbeit und alles andere in Ihrem Leben in Zukunft rosig verlaufen wird. Sie haben schon vor langer Zeit die Weichen selbst gestellt. Ich weiß, dass Sie noch sehr an sich arbeiten müssen. Deswegen sind Sie hier, um herauszufinden was möglich ist. Alles ist möglich, wenn Sie daran glauben. Doch Sie sind selbst für Ihr Leben verantwortlich, und wenn etwas in Ihrem Leben nicht funktioniert, müssen Sie es reparieren. Das kann Ihnen niemand abnehmen. Die Probleme werden nur größer, wenn Sie ständig andere Menschen dafür verantwortlich machen. Sie müssen erkennen, dass Sie für Ihre Schwierigkeiten mitverantwortlich sind. Von nun an, egal wo

Sie sind oder mit wem Sie zusammen sind, hören Sie zu! Unterbrechen Sie andere nicht, hören Sie einfach zu. Gute Zuhörer sind selten, also versuchen Sie, einer zu werden. Sie rasen durch das Leben, Ian. Bevor Sie sich umsehen, ist es vorbei, und bei Ihrer Geschwindigkeit werden Sie es versäumen.«

Bis zu diesem Punkt war ich sicher, dass die Botschaften seiner Großeltern auf taube Ohren stießen. Seine Miene blieb ungerührt, während ich redete, bis ich den letzten Satz ausgesprochen hatte. Plötzlich richtete er sich auf und riss die Augen auf. »Können Sie das wiederholen?«, bat er mit drängender Stimme. »Was? Das Ganze?«, fragte ich. »Nein, nur den Schluss.« Ich sah seine Großmutter an, die jetzt strahlte. Mir kam der Blick bekannt vor. Vielleicht hatten wir einen Durchbruch erreicht. Am liebsten hätte ich vor Freude einen Luftsprung gemacht und seine Großeltern für ihre Geduld gepriesen. Doch der Satz, den Ian noch einmal hören wollte, war wichtiger. Ich wiederholte ihn Wort für Wort.

»Sie hat gesagt: ›Bei deiner Geschwindigkeit wirst du es versäumen‹.«

Er sank zurück auf das Sofa und seine Augen wurden feucht. ›Sind das etwa Tränen?‹, dachte ich und gab ihm die Schachtel mit Taschentüchern. Dann fragte ich ihn, ob mit ihm alles in Ordnung sei. Er nickte und sagte, dass seine Großmutter ihm das immer gesagt hätte. »Sie hat es sogar zu meinem Großvater gesagt. Sie ist wirklich hier, nicht wahr?«

Am liebsten hätte ich laut geschrien. Seit zwei Stunden bemühte ich mich, ihm das klar zumachen! Doch in diesem Augenblick wurde mir klar, dass dieser Mann, ein Zweifler und ein guter Mensch, das Recht hatte, an das zu glauben, was er wollte. Er kam zu mir, um sich seine Zukunft voraussagen zu lassen und mich als Lügnerin zu entlarven. Das spürte ich. Als er ging, sah ich ein leises Zwinkern in seinem Auge, als wollte er sagen: »Ich bin nicht sicher, ob ich es glaube, aber möglich ist es.«

Er flog am selben Tag zurück nach England und ich habe nie wieder etwas von ihm gehört.

Ian hat mich gelehrt, dass es manchen Leuten wichtig ist, Beweise zu hören, während andere mir auf Anhieb glauben. Ich habe gelernt, dass Zweifel gut und gesund sein können. Man stelle sich nur vor, wie viele von uns ruiniert würden, wenn wir jeder dahergelaufenen Person Glauben schenken würden, die uns etwas verkaufen wollte! Wenn jemand zu mir kommt, gebe ich ihm Beweise dafür, dass seine Lieben existieren. Die meisten Lebenden nehmen dieses Wissen freudig auf. Doch immer mal wieder wird mir klar, dass ich selbst den festen Boden unter den Füßen nicht verlieren darf. Dann schicken meine Leiter mir Menschen wie Ian, um mir zu zeigen, dass ich nicht vollkommen bin und nicht immer Recht habe. Ich bin wie jeder andere hier auf Erden – um meine Aufgabe mit Demut, Mitgefühl und Verständnis zu meistern.

Ich habe alle Arten von Zweiflern erlebt. Da sind die, die daran glauben, dass es mehr gibt als wir sehen können, doch die noch mehr

Beweise brauchen, um die Brücke zu überqueren. Dann gibt es diejenigen, die glauben wollen, doch in ihrem traditionellen religiösen Glauben gefangen sind. Und die, die zwar glauben möchten, doch große Angst davor haben, betrogen zu werden und sich lächerlich zu machen. Und schließlich gibt es Menschen, die alles nur schwarz-weiß sehen und die keinen Raum für Dinge außerhalb ihres festen Weltbilds zulassen.

Zweifel kann gesund sein, solange er nicht den Verstand vor neuen Möglichkeiten verschließt. Wir alle sollten wachsam sein, wenn jemand behauptet, Fähigkeiten zu besitzen, die über das hinausgehen, was wir für möglich halten. Doch es gab auch schon eine Zeit, in der die Menschheit glaubte, die Erde sei eine Scheibe. Wir hielten es nicht für möglich, dass jemand in weniger als vier Minuten eine Meile weit rennen könnte, oder das es möglich wäre, zum Mond zu fliegen! Wenn wir niemals neue Möglichkeiten zulassen würden, wo wären wir dann heute? Vielleicht zögern die Menschen deswegen, zu neuen Ufern vorzudringen, weil sie Angst vor einem ungewissen Schicksal haben.

Zweifel ist gesund, wenn er uns vor Betrügern bewahrt, die wollen, dass wir ihre Tricks glauben. Ich wünschte, es gäbe mehr Menschen, die Zweifel an der berühmten Wahrsagerin mit dem gefälschten Jamaika-Akzent gehabt hätten, die im Fernsehen auftrat und deren Show nicht nur sehr vielen Leuten geschadet hat, sondern es auch viel schwieriger für die echten spirituellen Medien in diesem Land gemacht hat, mit ihrer Begabung Gutes zu tun. Es ist eine traurige Tatsache, dass auf diesem Gebiet eine Menge Scharlatane mitmischen. Die Menschen müssen skeptisch sein, um sich zu schützen, doch das sollte sie nicht dazu verleiten, die Augen vor den wirklich spirituell begabten Leuten zu verschließen, die so viel zu geben haben. Sich ein wenig Verwundbarkeit zu leisten, solange man nichts riskiert, was man nicht verlieren darf, hat noch nie geschadet.

Die meisten Skeptiker sind sehr intelligent, denn sie durchleuchten alles analytisch. Es ist wichtig, ein Thema von allen Seiten zu betrachten, bevor man Schlüsse zieht. Eine gesunde Skepsis kann neue Erkenntnisse hervorbringen, da unser Glaube und unsere Gedanken sich im Laufe des Lebens ändern. So lernen und wachsen wir und so erreichen wir Weisheit.

Natürlich gibt es auch die ewigen, starren Zweifler. Sie sind nicht offen für analytisches Denken. Sie beharren auf dem, was sie glauben, und suchen nur nach Beweisen, die ihre starre Denkweise unterstützen. Wenn man versucht zu beweisen, dass etwas falsch ist, kann man leicht Anzeichen übersehen, die beweisen, dass es wahr ist. Erstarrte Skeptiker sind keine echten Skeptiker, wenn man der Beschreibung eines Skeptikers in *Webster's Dictionary* Glauben schenkt, nämlich dass ein Skeptiker ein Mensch ist, der »die Echtheit, Authentizität oder Wahrheit von etwas hinterfragt, das als Tatsache dargestellt wird.« Starre Zweifler »hinterfragen« nichts, denn sie haben sich längst ihre Meinung gebildet. Sie reihen nur Beweise für das auf, was sie schon glauben.

Vielleicht glauben Sie nun, dass dieses Buch der Versuch ist zu beweisen, dass das, was ich tue, real ist, oder zumindest dass das Leben nach dem Tod real ist. Doch kein Buch kann das für Sie tun. Ich habe dieses Buch nur als Einführung in meine individuelle Lebensreise geschrieben, in der Hoffnung, dass es Ihre Neugierde erweckt, sich mit dem Thema näher auseinander zu setzen. Neugierde ist der erste Schritt, der in die verschiedensten Richtungen führen kann.

Letztendlich glaube ich, dass Zweifel von einem Mangel an Verständnis für meine Fähigkeit, mit Verstorbenen zu kommunizieren, herstammt. Wie wir alle wissen, führt mangelndes Verständnis unter verschiedenen Völkergruppen, Kulturen und Lebensformen zu Vorurteilen, Rassismus und Hass. Sie entstehen aus der Angst, die ein Mangel an Verständnis mit sich bringt. Das mangelnde Verständnis für meine Fähigkeiten führt manchmal zu Angst und negativen Reaktionen. Ich weiß, dass das, was ich tue, real ist, und ich weiß, dass es keinen Zweifel geben würde, wenn jeder es wirklich so verstehen könnte wie ich. Dieser Mangel an Verständnis, den ich erlebe, ist die Grundlage der Skepsis.

Nach diesen Ausführungen über Zweifel möchte ich Ihnen eine Vorstellung geben, wie es aus meiner Sicht als Seelenbotin ist, mit Skepsis umzugehen. Von allen Hürden, die ein Medium überwinden muss, halte ich Skepsis in ihren vielen Formen für eine der größten Herausforderungen überhaupt. Wie Sie sehen werden, ist es nicht immer leicht, aber es macht meine Arbeit interessant und spannend.

Eine der ersten interessanten Erfahrungen machte ich, als ich noch im Reformhaus arbeitete. Ein Stammkunde suchte plötzlich ziemlich oft unser Geschäft auf und wollte sich mit mir unterhalten. Zuerst dachten meine Kollegen, der Mann hätte ein persönliches Interesse an mir.

Damit wäre ich wahrscheinlich leichter umgegangen als mit dem, was er wirklich von mir wollte. Nachdem er mir verraten hatte, dass er starke Medikamente einnehme, weil er geistig krank war und unter Halluzinationen litt, meinte er, ich könnte seine Zukunft mit meinen »Energien« kontrollieren. Er erklärte mir nie genau, ob er das nur glaubte oder ob es eine seiner Halluzinationen war. Daher nahm ich an, dass er meine Fähigkeiten falsch einschätzte.

Obwohl ich mich bemühte, ihm klar zu machen, dass ich nur auf meine eigene Zukunft einwirken kann und keine Kontrolle über die Zukunft anderer Menschen besitze, entwickelte er sich allmählich vom Stammkunden zum beängstigenden Stalker. Eines Tages schaute ich während eines Gewitters zu Hause aus dem Fenster und sah ihn in meinem Vorgarten stehen. Da merkte ich, dass ich ein ernstes Problem hatte. Es ließ sich nicht sofort lösen, doch mit der Hilfe der Polizei hörte der Mann schließlich auf, mich zu verfolgen.

Mein Mann hatte schon seine Bedenken geäußert, wie die Leute auf meine Offenbarung als Seelenbotin reagieren würden, und so schürte diese Begebenheit seine Ängste noch mehr. Damals hielt ich meine Sitzungen zu Hause ab, weil ich noch nicht genügend Klienten hatte, um eine Praxis zu mieten, und das bereitete Bret noch mehr Sorgen.

»Du lässt Leute, über die wir absolut nichts wissen, in unser Haus. Du weißt selber, dass einige der Klienten, die du anziehst, geistig instabil sein könnten. Vielleicht ist das Ganze keine so gute Idee«, gab er mir zu bedenken.

Doch zu seinem Kummer hatte ich keine andere Wahl. Nach jahrelangem Suchen wusste ich jetzt genau, was ich mit meinem Leben anfangen sollte. Ich hatte meine Lebensaufgabe gefunden, und sie füllte endlich die Leere, die mich so lange gequält hatte. Ich hatte die positive Wirkung erlebt, die meine Sitzungen auf die Betroffenen hatten, und die Veränderungen, die sie bewirkten. Bret und ich mussten eine andere Lösung für das Problem finden. Aufgeben galt nicht.

Bald darauf lernte ich, dass dies nur der Anfang der Hürden war, die wir bei meiner neuen Aufgabe zu bewältigen hatten. Noch bevor ich sicher sein konnte, dass der Mann aus dem Reformhaus mich von nun an in Ruhe lassen würde, rief mich eine Frau an und beschimpfte meine Begabung als etwas Böses. Sie war davon überzeugt, dass meine Fähigkeit, Seelen zu hören und zu sehen, mir vom Teufel gegeben war. Als irgendeine religiöse Fanatikerin, die mir Bibelzitate als »Beweise« an den Kopf warf und darauf bestand, dass ich damit aufhören sollte. Dann stieß sie persönliche Drohungen gegen mich aus. Sie beharrte darauf, dass ich sofort mit den Sitzungen aufhören sollte, sonst hätte ich Schlimmes zu befürchten!

Dies trifft auch auf viele meiner Verwandten zu. Anfangs waren nicht wenige von ihnen besorgt darüber, inwiefern sich meine öffentlichen Auftritte auf ihr Leben auswirken könnten. Eine Verwandte rief mich sogar an und warf mir einige unfreundliche Dinge an den Kopf. Sobald ich den Hörer abnahm, fragte sie: »Was zum Teufel soll das, Vicki? Breitest du jetzt die Lebensgeschichten anderer Leute in der Öffentlichkeit aus? Bloß weil es dir egal ist, was andere von dir halten, bedeutet das noch lange nicht, dass alle mit dir in den Schmutz gezogen werden wollen!«

Das war vor drei Jahren. Heute gibt sie gerne zu, dass sie mit mir verwandt ist – und sie ist sogar einer meiner größten Fans geworden.

Auch Freunde sind vor den Auswirkungen, eine Seelenbotin zu kennen, nicht gefeit. Eine Freundin von mir, die mir schon oft bei meinen Live-Sitzungen geholfen hat, kann ihren Mann nicht dazu bringen, in meine Nähe zu kommen. Wenn er sie am Abend einer Sitzung zum Hotel fährt, weigert er sich, die Lobby zu betreten. Bevor ich mich als Seelenbotin »geoutet« habe, sind Bret und ich öfters mit den beiden essen gegangen. Doch nun zieht er es vor, mir aus dem Weg zu gehen. Auch wenn ich mich mittlerweile an solche Reaktionen gewöhnt habe, tut es immer noch weh, wenn meine Freunde die Zweifel der anderen zu spüren bekommen. Es macht mich zwar traurig, dass wir nie wieder zu viert ausgehen werden, doch ich kann verstehen, dass manche Menschen Angst vor dem Unbekannten haben und es vorziehen, der Situation aus dem Weg zu gehen.

Auch meine anderen Freunde müssen immer mit Unannehmlichkeiten rechnen, wenn sie sich mit mir in der Öffentlichkeit zeigen. Als wir eines Abends ein Restaurant betraten, fing eine Gruppe von Frauen, die gerade mit ihrem Essen fertig waren, laut an zu reden, sobald sie mich erkannten. Eine von ihnen wurde besonders laut und ausfällig.

»Oh Gott!«, rief sie. »Das ist doch diese Seelenbotin, oder? Sie darf mich nicht ansehen! Sieht sie mich jetzt an? Kellner, wir hätten gern die

Rechnung! Wir müssen sofort gehen! Wir können nicht länger in diesem Restaurant bleiben, wenn *die* da ist!«

Es war für alle ein ziemlich unangenehmes Spektakel. Nachdem meine Freunde den ersten Schock verdaut hatten, lachten sie darüber. Doch ich habe den Verdacht, dass ihnen immer noch etwas unbehaglich zumute ist, wenn sie mit mir ausgehen. Wer könnte sie dafür verurteilen? Die Reaktionen der Menschen auf meine Fähigkeiten sind so unterschiedlich wie Tag und Nacht – von Begeisterung und Faszination bis hin zu offener Angst und Verdammung.

Dies waren ein paar Beispiele für die Prüfungen, die durch die Zweifel anderer entstehen und mit denen ich mich als Seelenbotin auseinander setzen muss. Im Gegensatz dazu sind viele Menschen der Ansicht, es müsste wundervoll sein, diese Gabe zu besitzen, und das ist es auch. Ich kann mir keine erfüllendere Aufgabe vorstellen. Doch sie hat auch ihre Kehrseiten. Was diese negativen Aspekte leichter macht, ist, den Trost, den Frieden, den zurückgekehrten Glauben und die Freude zu erleben, die die Botschaften der Seelen bringen können. Diese positiven Auswirkungen übertreffen bei weitem die Herausforderungen, die Zweifler manchmal an mich stellen.

6

Wie ich lernte, meine Gabe richtig einzusetzen

Schäme dich nie zuzugeben, dass du dich geirrt hast: du gibst damit nur zu, dass du heute weiser bist als gestern.

Jonathan Swift

In diesem Kapitel möchte ich eine andere Art von Wissen, das ich lernen musste, mit Ihnen teilen. Es ist das Wissen, wann und wie ich meine Fähigkeit, mit Seelen zu kommunizieren, richtig einsetzen kann. Durch viele Versuche und Fehler lernte ich, welche Grenzen ich bei Verstorbenen setzen muss, und wann ich wo ihre Botschaften am besten überbringe. Ein paar der folgenden Geschichten mögen Sie erstaunen oder sogar schockieren. Doch sie zeigen deutlich die Verantwortung und Wirkung einer Seelenbotin. Da man als Medium keine Anleitung, wie man mit seiner Gabe umgehen soll, in die Hand gedrückt bekommt, müssen wir lernen, sie richtig einzusetzen.

Kurz nachdem ich damit anfing, die Sitzungen professionell zu betreiben, fuhren mein Mann und ich nach Florida. Für Bret war es eine Geschäftsreise und für mich war es Urlaub. Ich hatte viele Sitzungen hinter mir und brauchte Zeit, mich davon zu erholen und Kraft zu schöpfen.

Als wir in Florida angekommen waren, gingen Bret und ich in das Restaurant unseres Hotels, um eine Kleinigkeit zu essen. Als der Kellner an unseren Tisch kam, sah ich sofort eine alte Frau, die ich für seine verstorbene Großmutter hielt. Während er unsere Bestellung aufnahm, teilte sie mir ihre Botschaften an ihn mit. Ich versuchte, ihr keine Beachtung zu schenken, doch sie war sehr beharrlich. Es war, wie wenn man versucht sich zu unterhalten, während jemand dauernd dazwischenredet. Jede Mutter mit kleinen Kindern kennt die Situation nur zu gut.

Ich schaute auf die Speisekarte und entdeckte Erdnussbutter-Sandwiches – eine von Brets Lieblingsspeisen. Ich sah ihn an und fragte: »Hast du gesehen, dass sie hier Erdnussbutter-Sandwiches haben?«

In diesem Augenblick erzählte mir die Gestalt der Großmutter, dass der Kellner gegen Erdnussbutter allergisch war. Ohne nachzudenken, blickte ich zu ihm auf und sagte: »Ach, Sie sind allergisch gegen Erdnussbutter! Dann bestellen wir das nicht.«

Der Kellner erstarrte.

»Woher wissen Sie das?«, fragte er.

Sein Gesichtsausdruck verriet mir, dass er nicht nur befremdet, sondern auch leicht geschockt war. Da ich nicht wusste, wie ich seine Frage beantworten sollte, ohne ihm noch mehr Angst einzuflößen, zuckte ich bloß mit den Schultern und sagte: »Einfach nur gut geraten.«

Der Kellner nahm zwar unsere Bestellung entgegen, doch er kam nicht mehr an unseren Tisch zurück. Ein anderer Kellner brachte uns das Essen und die Rechnung. Der erste Kellner schien mich während unseres gesamten Aufenthalts im Hotel zu meiden, denn ich sah ihn nie wieder. Auch wenn all das vielleicht nur ein Zufall war, war es doch eine meiner frühen Lektionen als Seelenbotin – wann ich eine Botschaft weitergeben kann und wann ich sie lieber für mich behalte. Ich lernte, die Möglichkeit in Erwägung zu ziehen, dass meine Fähigkeit anderen Angst machen kann, und nicht jeder für seine Botschaften bereit ist.

Ich war nicht wegen mir selbst besorgt gewesen, sondern wegen des Kellners. In unserem Hotel gab es Angestellte aus verschiedenen Kulturen, und ich bin sicher, dass einige der Kulturen meine Gabe mit dem Teufel assoziieren würden. In Maine habe ich dieses Problem kaum. Auch wenn die meisten Einwohner von Maine mich vielleicht für eine arme Irre halten, ist das doch etwas anderes als einem Kellner Angst einzujagen, weil er glaubt, Satan würde ein Erdnussbutter-Sandwich bei ihm bestellen. Obwohl es nicht meine Absicht gewesen war, dem Kellner meine Fähigkeit zu offenbaren, lehrte mich diese Erfahrung, in bestimmten Situationen noch vorsichtiger zu sein.

Am nächsten Tag aßen Bret und ich mit einem Ehepaar zu Abend, die in Brets Firma arbeiten. Bret und sein Geschäftspartner gingen weg, um etwas zu besprechen. Ich blieb mit seiner Frau Allie am Tisch sitzen. Während unserer Unterhaltung sah ich Seelen von Verstorbenen, die sich um Allie versammelten. Die Seelen wollten, dass ich Allie ein paar Botschaften überbringen sollte. Da sie darauf beharrten, dass ihre

Mitteilungen ganz wichtig für Allie seien, steckte ich in einem Dilemma. Nach sorgfältiger Überlegung tat ich das, was ich für richtig hielt. Ich beschloss, ihr die Botschaften zu überbringen. Glücklicherweise war Allie offen und sogar dankbar für die Mitteilungen.

Später erfuhr Bret, dass ich im Restaurant eine kurze Sitzung mit Allie durchgeführt hatte. Da Allie vor unserem gemeinsamen Essen von meiner Gabe nichts gewusst hatte, hielt mein Mann es für unpassend, während eines Geschäftstreffens eine Sitzung abzuhalten. »Wer weiß schon, wie die betroffene Person darauf reagiert?«, gab Bret mir zu denken.

»Es könnte sich negativ auf die Geschäftsbeziehung auswirken. Das war das Risiko nicht wert.«

Brets Besorgnis ließ natürlich jene Zeit in mir wieder hochkommen, als er aus Angst über das, was die Leute denken könnten, nicht wollte, dass irgendjemand von meiner Tätigkeit erfuhr. Doch jetzt hatte er diese Angst nicht mehr. Das hier war etwas anderes. Es ging um Brets Arbeit, um seine Mitarbeiter, und er hatte einen guten Grund. Wie er gesagt hatte, war es das Risiko vermutlich nicht wert. Allies Verstorbene hätten ihr die Botschaften auch auf andere Weise übermitteln können, doch der einfachste Weg war sicher über mich. Es gibt Millionen von Menschen auf der Erde, die kein Medium haben und noch nicht einmal daran glauben, dass ein Medium ihnen solche Botschaften überbringen könnte. Doch das bedeutet nicht, dass diese Leute die für sie bestimmten Mitteilungen nicht erhalten. Wahrscheinlich erfahren sie auf anderen Wegen davon. Die Botschaften können durch Träume, Meditation oder die eigene Intuition übermittelt werden.

Es war nicht leicht für mich zu akzeptieren, dass ich noch sorgfältiger abwägen musste, mit wem ich meine Fähigkeiten teilte. Doch würde ich nie im Voraus wissen, wie jemand darauf reagiert. Aus diesem Grund ist es sinnvoller, wenn ich in der Öffentlichkeit tätig bin, damit interessierte Menschen auf mich zukommen können, statt dass ich sie suche. Tatsächlich sehe ich beim Betreten eines Geschäfts oder Restaurants bei fast allen Anwesenden Verstorbene um sie herum. Diese Seelen wissen alle von meiner Präsenz und wollen, dass ich ihre Botschaften überbringe. Doch nicht alle Menschen sind offen für die Mitteilungen ihrer Verstorbenen. Selbst wenn ich ihre Botschaften übermittle, gibt es viele, die sie einfach ignorieren. Sicher könnte jeder genauso gut eine Massage gebrauchen, doch Masseure gehen auch nicht zu Fremden auf der Straße, um ihre Schultern zu massieren.

Welche Art von Botschaften möchten die meisten Verstorbenen überbringen? Es kann alles Mögliche sein, doch die Mehrzahl der Seelen will ihre Lieben nur wissen lassen, dass es ihnen gut geht, und sie nicht »gestorben« sind, sondern nur auf die andere Seite übergewechselt sind. Sie wollen ihnen überbringen, dass sie ihnen jetzt näher als je zuvor sind, und sie sie auf ihrer letzten Reise nach Hause willkommen heißen werden. Manchmal gibt es auch Botschaften oder Bitten um Vergebung. Immer wieder höre ich auch Botschaften, die Menschen dazu ermutigen sollen, auf ihre innere Stimme zu hören: die Schule fertig machen, den Job annehmen, den sie wirklich wollen, ohne auf das Gehalt zu achten, den fiesen Kerl hinauswerfen, der sie ausnutzt, oder mehr auf ihre Gesundheit achten. In dieser Art von Botschaften wird der Lebende immer dazu ermutigt, seine kostbare Zeit auf Erden am sinnvollsten zu nutzen.

Obwohl die Botschaften das Leben des Einzelnen verändern können, handelt es sich gewöhnlich nicht um Angelegenheiten, bei denen es um Leben oder Tod geht. Ich habe noch nie jemandem eine Botschaft überbracht, die sein Leben gerettet hätte. Der Grund dafür ist, dass ich noch nie eine Mitteilung weitergegeben habe, die der Betreffende nicht auch auf andere Weise ohne ein Medium hätte erhalten können.

Man könnte meine Fähigkeit mit einem Telefon oder anderen Kommunikationsmitteln vergleichen. Es ist eine Verbindung von der spirituellen Welt zu den Lebenden. Auch wenn die Botschaften der Seelen positive Veränderungen im Leben ihrer Lieben hervorbringen können, werden diese Veränderungen nur dann manifest, wenn der Empfänger der Botschaft bereit ist, sie auch umzusetzen. Dies war etwas, was ich erst noch verstehen und annehmen musste. Meine Erfahrungen mit dem Kellner und Allie und mit anderen, die ich noch mit Ihnen teilen werde, halfen mir, mir dessen bewusst zu werden.

7

Botschaften überbringen und Grenzen einhalten

Während unseres Urlaubs in Florida aßen Bret und ich wieder einmal in unserem Hotelrestaurant. Wie immer sah ich überall Seelen, die sich um die meisten Restaurantgäste versammelt hatten. Bei manchen stand ein Verstorbener, andere hatten zwei, drei oder sogar sechs Seelen um sich herum. Ich war dabei zu lernen, wie ich den Seelen signalisieren konnte, dass ich »außer Dienst« sei. Ich konnte nicht allen Leuten Sitzungen geben, schon gar nicht nach dem Vorfall mit dem Kellner. Also schickte ich den Seelen ein Zeichen, indem ich sie in Gedanken bat, meine Privatsphäre zu achten.

Man stelle sich vor, man wäre die Seele eines Verstorbenen und hätte eine wichtige Botschaft an jemanden auf unserer Erde zu richten. Und plötzlich betritt eine Seelenbotin wie ich den Raum. Was würden Sie tun? Das Medium schickt ein deutliches Signal, dass es in Ruhe gelassen werden möchte, doch die Seele, die ihre Botschaft überbringen will, ist beharrlich. Sie kann sie zwar auch auf andere Weise übermitteln, doch das ist meistens mühsamer und dauert länger. Was tut also eine ungeduldige Seele, die wie alle Verstorbenen die meisten ihrer irdischen Eigenschaften behalten hat?

Das Folgende geschah:

Nachdem wir uns gesetzt hatten, bestellten wir unser Essen und lehnten uns zurück, um die angenehme Atmosphäre des Restaurants zu genießen. Unsere Kellnerin, ein nettes Mädchen mit einem Liverpool-Akzent, kam mit unseren Tellern zurück, und wir machten uns hungrig darüber her. Dabei sprachen wir über den Vormittag und was wir am Abend unternehmen wollten. Unsere Kellnerin kam noch einmal an den Tisch, um unsere Wassergläser aufzufüllen. Doch diesmal war sie nicht allein.

Interessanterweise sind die Verstorbenen, die ich sehen kann, jung, vital und schön. Ich wusste schon immer, dass alle Seelen das gleiche Alter haben, da sie zur selben Zeit geschaffen wurden. Manche von uns wurden auf Erden verteilt, um sich spirituell weiterzuentwickeln. Andere ziehen es vor, Beobachter zu bleiben. Diejenigen, die ihr Leben vollbracht haben und gestorben sind – unabhängig von ihrem Alter zum Zeitpunkt ihres Todes –, erscheinen mir stets als die Person, die sie in ihrer Jugend waren. Es hat mich schon immer amüsiert, dass der Himmel ein gewisses Maß an Eitelkeit zulässt. Und wenn man mit jemandem spricht, der bei einem tragischen Verkehrsunfall oder durch eine entstellende Krankheit ums Leben kam, ist er trotzdem glücklich!

Diesmal aber stand eine ältere Person hinter der Kellnerin und es war etwas Ungewöhnliches an dieser Seele. Sie schickte mir ihre Gedanken in Form ihres vergangenen Lebens. Sie war alt und gebrechlich und ein einziger Luftzug hätte sie wegwehen können.

Wie schon zuvor signalisierte ich in Gedanken: »Ich bin jetzt nicht im Dienst. Kann das nicht warten?« Ich staunte, als sie sich mir gegenüber an den Tisch setzte und den Blick fest auf mich richtete.

Sie antwortete: »Ich muss mit dir reden. Bitte veranlasse, dass dein Mann geht.«

Bret konnte an meinem Gesicht ablesen, dass etwas im Gange war. Er fragte, ob jemand da sei. Ich bejahte es und sagte, ich wolle trotz ihrer Gegenwart noch nicht aufbrechen.

Während ich da saß und sie anschaute, bemerkte ich, wie ihre klaren blauen Augen sich im Restaurant umsahen. Ihr Blick richtete sich auf das große Frühstücksbuffet, das gerade abgeräumt wurde. Sie schüttelte den Kopf. Ich spürte eine Traurigkeit. Es war die Traurigkeit, die sie selbst fühlte.

Ich fragte sie in Gedanken: »Was ist los?«

Ihr Blick blieb auf die Reste des Frühstücksbuffets gerichtet, das von den Kellnern weggetragen wurde. Es war, als würde sie bei jedem Stück Obst, jedem Brötchen und jedem Glas Milch intensiv leiden. Es war eine Qual, die ich nie verstanden hätte, wenn ich sie nicht selbst mitgefühlt hätte.

Als die Kellnerin sich unserem Tisch näherte, wandte die Verstorbene ihr den Kopf zu. Sie schaute die freundliche Kellnerin unverwandt an. Ein Gefühl der Zuneigung überkam mich, und ich merkte, dass die Kellnerin mit der Seele verwandt war.

Nachdem die junge Kellnerin wieder gegangen war, stand ich auf, da ich dachte, das sei alles gewesen. Die Frau hatte nur ihre Enkelin sehen wollen. Doch ich irrte mich. Die Seele folgte mir in den Aufzug, als wäre sie damit vertraut. Sobald wir im Aufzug waren, fragte ich sie: »Was ist los?«

Ich war so irritiert, dass ich es laut aussprach. »Ich weiß, dass Sie mit dem jungen Mädchen verwandt sind, die uns bedient hat. Was wollen Sie von mir? Ich verstehe es nicht!«

Sie lächelte. Offensichtlich amüsierte sie meine Irritation. Sie sagte mir, ich sollte einen Blick hinaus in die Lobby werfen. Ich sah an die zwanzig Hotelgäste, die mich anstarrten. Ihre Mienen drückten alle dasselbe aus: »Mit wem redet die Verrückte im Aufzug?«

Ich fand das gar nicht amüsant und drückte hastig den Knopf für unsere Etage. ›Also gut‹, dachte ich. ›Diese Frau will mich testen.‹ Ich wandte mich ihr wieder zu und fragte: »Was wollen Sie? Ich höre zu.« Ich hatte es kaum ausgesprochen, als ich merkte, wie der Aufzug langsamer wurde. Es war, als bräuchte sie mehr Zeit, um mir ihr Anliegen zu schildern.

Sie sagte: »Im vierzehnten Stock werden Sie einer Frau namens Mya begegnen. Sie ist für Beschwerden über das Restaurant zuständig. Ich möchte, dass Sie mit ihr reden.«

›Gut‹, dachte ich. ›Worüber soll ich mit ihr reden?‹

Sie wusste genau, was in meinem Kopf vorging, und sagte: »Über all die Lebensmittel, die weggeworfen werden. Jeden Tag werfen sie unverdorbene Lebensmittel einfach weg. So viele Menschen hungern und hier werfen sie das Essen auf den Müll.« Sie sah mich noch intensiver an und setzte hinzu: »Sie müssen ihnen sagen, dass sie damit aufhören sollen! Sagen Sie ihnen, sie sollen die Lebensmittel den Heimen für Obdachlose geben. Die Kinder haben Hunger. Können Sie sie nicht hören? Können Sie die hungrigen Menschen nicht hören? Sie müssen es ihr sagen, sonst gehe ich nicht weg!«

Ich starrte sie mit offenem Mund an. Sie war fest entschlossen, das Problem auf der Stelle zu lösen.

»Aber ich weiß nicht, was ich zu ihr sagen soll. Mein Mann ist geschäftlich hier und ich will ihm keine Schwierigkeiten machen!«

Sie schüttelte unwillig den Kopf. »Sie müssen mit ihr über die Lebensmittel reden!«

Ich wollte gerade darauf antworten, als eine junge Frau in den Aufzug stieg. Sie warf mir einen misstrauischen Blick zu, als wollte sie mich fragen, mit wem ich gerade gesprochen hatte. Ich kannte den Blick und kümmerte mich nicht darum. Die Türen schlossen sich, und ich sah, dass die Seele direkt hinter der Frau stand und auf sie zeigte. Sie warf mir einen Blick zu, als wollte sie sagen: »Können Sie denn nicht lesen?«

Ich schaute hin und las das Namensschild der Frau. Sie hieß Mya. Die alte Frau sah mich an, als wollte sie mich ermutigen, Mya anzusprechen. Ich wurde nervös, doch ich musste es tun. Ich sagte ihr, dass ich eine Beschwerde hätte. Sie fragte mich, über was ich mich denn beschweren wollte. Sie war sehr freundlich und hatte einen Akzent.

Vermutlich kam sie aus Venezuela. »Ich bin genau die Richtige, wenn Sie eine Beschwerde haben.«

Ich zögerte, da ich nicht sicher war, was ich sagen sollte. Schließlich kommunizierte ich mit den Seelen Verstorbener in dem Hotel, in dem mein Mann arbeitete. Ich hatte Angst, man könnte mich melden und mein armer Mann würde wegen mir Probleme kriegen. »Ich habe heute früh im Restaurant gegessen und gesehen, dass viele unverdorbene Lebensmittel einfach weggeworfen werden. Ist das in diesem Hotel üblich? Es gibt doch sicher viele Obdachlosenunterkünfte, die die Reste verwenden könnten. Können Sie irgendetwas dagegen tun?«

Sie antwortete prompt: »Wissen Sie, Sie sind schon der dritte Gast, der sich darüber beschwert hat. Das reicht mir, um eine formale Beschwerde bei der Geschäftsleitung des Hotels einzureichen. Ich sehe seit zwei Jahren zu, wie das Restaurant Lebensmittel wegwirft. Ich habe nie verstanden warum. Und jetzt habe ich genügend Beschwerden, um das vielleicht zu ändern.«

Dann fragte sie mich nach meinem Namen und unserer Zimmernummer. Ich sagte stammelnd: »Na ja, das Problem ist ...«, doch sie unterbrach mich und sagte, sie hätte genügend Informationen.

Ich atmete erleichtert auf, als sie den Aufzug verließ und die Türen sich hinter ihr schlossen. Ich sah mich suchend nach der alten Frau um, doch ich konnte sie nicht mehr sehen. Als ich den Fahrstuhl verließ, fühlte ich mich erschöpft aber glücklich. Ich hatte etwas Gutes getan und die Seele der alten Frau hatte mich dazu veranlasst.

Doch die Begegnung war noch nicht vorüber. Als ich auf dem Weg zu unserem Zimmer im Flur um die Ecke bog, bemerkte ich auf einem Sofa, das im Hotelflur stand, eine hübsche junge Frau. Sie trug ein langes, fließendes Kleid und schien in ein helles Licht getaucht zu sein. Sie hatte ein liebliches, engelhaftes Gesicht und lange, dunkle Locken. Sie las etwas, doch ich konnte nicht erkennen, was es war. Aber ich hatte das Gefühl, die Person zu kennen, obwohl sie nicht mehr am Leben war.

Als ich näher kam, stand die junge Frau auf und lächelte mir zu. Ihre Augen waren strahlend blau. Jetzt erkannte ich sie. Es war die alte Frau aus dem Restaurant. Sie stand plötzlich ganz nahe vor mir und berührte mein Gesicht. Ich spürte die Energie und Liebe, die sie ausstrahlte. Meine Erschöpfung war wie weggeblasen. Sie sagte: »Danke, Vicki.« Sie wirkte unschuldig und kindlich.

»Sie haben mir geholfen, das Problem zu lösen. Jetzt kann ich gehen.«

Sie wirkte erleichtert, da sie wusste, dass die Obdachlosen in den Unterkünften von nun an Nahrung bekommen würden.

Mir fiel ein, sie nicht nach ihrem Namen gefragt zu haben. Sie las meine Gedanken: »Ich heiße Emiline. Aber man hat mich früher Emily genannt.«

Ich riss die Augen auf und sagte: »So hieß doch die junge Kellnerin! Sie sind ihre Großmutter, nicht wahr?«

Sie strahlte mich an, und das Licht, in das sie gehüllt war, bildete eine Art Heiligenschein um ihren Kopf.

»Ja, aber sie hat mich nie kennen gelernt. Ich besuche sie in ihren Träumen. Sie ist mir sehr ähnlich. Ich werde sie immer beschützen.«

So plötzlich wie sie aufgetaucht war, war sie auch verschwunden. Ich blieb zehn Minuten wie erstarrt stehen, während andere Hotelgäste kamen und gingen. Ich hörte jemanden sagen: »Ist das nicht die Durchgeknallte aus dem Aufzug? Kinder, macht einen Bogen um sie!« Ich lachte laut, was mich in den Augen der anderen Touristen nicht unbedingt normaler erscheinen ließ.

Als ich mich zum Aufzug wandte, fiel mein Blick auf das Buch, das Emily gelesen hatte. Es war ein Tagebuch, das offen auf dem Sofa lag. Die Seiten wurden vom Luftzug umgeblättert und legten sich auf einer bestimmten Seite. Ich las die Worte, die sie mir wohl auf diese Weise übermitteln wollte. Die Tagebucheinträge des jungen Mädchens waren traurig und schockierend.

Sie hatte an dem Tag, der aufgeschlagen war, geschrieben: »Ich habe Angst, keinen weiteren Tag mehr zu erleben. Es wird gesagt, dass die Nazis morgen unsere Gruppe in die Duschräume schicken werden. Wir wissen jetzt, was das bedeutet. Mein Bauch schmerzt vor Hunger. Aber mehr als Essen wünsche ich mir jetzt den Tod. Ich will diesem schrecklichen Ort entkommen. Kein Hungern, keine Schmerzen und kein Leiden mehr. Emiline.«

Ich sah Emiline nie wieder, weder auf dieser Urlaubsreise noch auf einer anderen zwei Jahre später. Sie hatte ihre Aufgabe erfüllt. Sie hatte andere Menschen vor dem Hungertod bewahrt, und ich fand später heraus, dass viele Hotelketten dazu übergingen, ihre Essensreste den Obdachlosenheimen in der Umgebung zu spenden. Die Nahrungsmittel werden jetzt an Suppenküchen und andere bedürftige Hilfsorganisationen geliefert. War sie ein Engel? Ja. Sie hatte zwar keine Flügel und sie hatte auf der Erde gelebt, doch das, was sie für die Menschheit tat, war wahrlich die Tat eines Engels. Sie war ein flügelloser Engel, doch sie brauchte auch keine Flügel, um den Hungrigen Nahrung zu geben.

Als wir aus Florida zurückkamen, las ich die Zeitungen der letzten Woche, um einen Überblick über die Lokalnachrichten zu bekommen. Ein Artikel berichtete von der Ermordung einer Jugendlichen in einem Nachbarort. Während ich den Bericht las, blickte ich von der Zeitung auf und sah die Seele des toten Mädchens vor mir stehen. Dann begann sie, mir detaillierte Informationen über das Verbrechen zu geben, die nicht in der Zeitung erwähnt wurden.

Obwohl der Mörder noch nicht gefasst worden war, sagte mir das Mädchen: »Mein Vater hat mich getötet. Es war ein Unfall. Er war wütend auf mich. Wir hatten uns gestritten und so tötete er mich im Affekt.« Weiterhin erklärte sie, der Vater hätte ihren Körper an einer Stelle zurückgelassen, an der die Leiche gefunden werden sollte. Er hatte ihre Leiche nicht einfach weggebracht, sondern sie vorsichtig an den Straßenrand gelegt und darauf geachtet, dass ihre Frisur und Kleidung ordentlich waren. Er wollte, dass sein »hübsches kleines Mädchen« beim Auffinden so aussah wie immer.

Mein erster Gedanke war: »Was soll ich mit den Informationen machen?«

Offensichtlich hörte sie meinen Gedanken, denn sie antwortete, ich könnte nichts unternehmen. Ihre Mutter würde es nicht ertragen zu erfahren, dass ihr Mann ihre Tochter umgebracht habe. Außerdem würde ihr Vater in circa einem Jahr an einem Herzinfarkt sterben. Diese Prophezeiung stellte sich später als richtig heraus.

Dies war eine Situation, in der die Seele der Verstorbenen mir sagte, wie ich mich verhalten sollte, bevor ich es auf eine viel schmerzhaftere Weise herausfinden konnte – wenn ich zum Beispiel mit meinen Informationen zur Polizei gegangen wäre.

Das junge Mädchen war das erste Opfer eines Verbrechens, das mich außerhalb einer Sitzung aufsuchte, doch sie würde nicht das letzte sein. Verstorbene wie sie suchen mich nie auf, damit ich das an ihnen begangene Verbrechen löse. Es kommen zwar oft Familienmitglieder solcher Verbrechensopfer in meine Sitzungen, doch die Seelen der Opfer zeigen sich auch auf anderem Wege. Manchmal sehe ich mir nur ein Fernsehprogramm an, in dem Gäste über ihre vermissten Angehörigen sprechen – und sogleich taucht die vermisste Person vor mir auf, wenn sie tatsächlich tot ist.

Ich kann nicht genau sagen, warum diese Verstorbenen mich aufsuchen, vor allem da die meisten mich nicht bitten, in die polizeilichen Ermittlungen einzugreifen. Natürlich würde ich der Polizei liebend gern helfen, wenn sie mich darum bitten würden, doch das tut sie nicht. Die Ermittlungsbehörden wissen zwar, wer ich bin und was ich tue, doch sie bitten mich nicht um Hilfe. Und wer könnte es ihnen verübeln? Die Staatsanwaltschaft braucht Beweise, die für eine Gerichtsverhandlung taugen – und Hinweise von Seelenboten fallen nun einmal nicht unter den Begriff »stichhaltige Beweise«. Deswegen brauchen Verbrecher mich nicht zu fürchten, da ich für sie keine Gefahr darstelle. Würde ich versuchen, der Polizei meine Kommunikation mit verstorbenen Seelen mitzuteilen, wäre höchstwahrscheinlich *ich* es, die hinter Schloss und Riegel landet.

Ich nehme an, diese Seelen suchen mich einfach deshalb auf, weil sie es können. Möglicherweise tröstet es sie, so wie es tröstet, wenn man ein Geheimnis mit einem engen Freund teilt. Sie wissen sicher selbst, wie manche Geheimnisse an einem nagen können, wenn man sie mit niemandem teilen kann. Vielleicht ist das der Grund, weshalb die Opfer von Gewalttaten an meine Tür klopfen.

Viele Monate, nachdem ich auf der Urlaubsreise in Florida meine neuesten Lektionen gelernt hatte, traf ich auf ein weiteres Mordopfer. Zuerst sah ich die Seele der jungen Frau, während sie noch als vermisst galt. Da ich selbst Mutter bin, wollte ich der Mutter der jungen Frau helfen. Doch mir war klar, dass alles seine himmlische Ordnung hat. Und tatsächlich – bald darauf rief die Mutter mich an und meldete sich zu einer Sitzung an.

Es war eine neue Lernsituation für mich. Wie sollte ich ihr vorsichtig beibringen, dass ihre geliebte Tochter gestorben war, während sie sich noch an die Hoffnung klammerte, ihr Kind sei noch am Leben? Doch die Mutter machte es mir leicht, denn sie hörte auf ihre Intuition. »Habe ich Recht?«, fragte sie mich.

»Ja, es ist so«, antwortete ich.

»Ich musste es wissen«, sagte sie. »Jetzt kann ich weiterleben und herausfinden, wer das getan hat. Außerdem brauchte ich das Wissen, dass sie nicht irgendwo leidet.« Sie brach in Tränen der Trauer und der Erleichterung aus.

Im Verlauf der weiteren Sitzung gab ich ihr detaillierte Hinweise auf den Tatort und Informationen, die der Öffentlichkeit noch nicht zugänglich gemacht worden waren. Ich konnte der Mutter gegenüber bestätigen, dass ihre Tochter mir diese Einzelheiten übermittelte. Die Tochter gab mir sogar die Vornamen der Leute, die an ihrem Mord beteiligt waren. Beide Namen waren der Mutter bekannt, und einer der Täter wurde später verhaftet, nachdem wichtige Beweise gegen ihn erhoben werden konnten. Die Verhaftung war nicht das Ergebnis unserer Sitzung. Für die Mutter war es nur eine weitere Bestätigung für die Richtigkeit meiner Botschaft.

Die Erfahrungen, die ich bei Hunderten von Sitzungen jedes Jahr gesammelt habe, haben mich gelehrt, meine Fähigkeit, mit Seelen zu kommunizieren, nicht zur Lösung von Verbrechen einzusetzen - auch wenn andere spirituelle Medien dies tun. Ich halte es für wichtiger, damit den Hinterbliebenen zu helfen, ihre Trauer zu verarbeiten, alles hinter sich zu lassen und trotz ihres Verlusts wieder Freude am Leben zu finden. Dies ist ein Prozess, dem man Zeit lassen sollte, da jedes Individuum auf seine eigene Art in seinem persönlichen Tempo mit einer solchen Prüfung fertig werden muss.

Seelenboten erwerben durch ihre Fähigkeit, Verstorbene zu sehen, zu hören und mit ihnen zu kommunizieren, oft ein Wissen über das Leben nach dem Tod. Es ist ein subtiler Prozess, der sich mit der Zeit und Erfahrung vertieft. Weniger automatisch wächst die Fähigkeit zu spüren, wie und wann man diese Gabe richtig einsetzt. Ich lernte es, indem ich es ausprobierte und Fehler machte.

Die Beispiele, die ich erwähnt habe, sind nur ein paar der vielen Erfahrungen, die mich dazu anleiteten, formten und trainierten, meine Fähigkeiten richtig einzusetzen. Wie ich schon sagte, werden wir nicht mit einer Anleitung in der Hand geboren. Wir alle brauchen Zeit und genügend Erfahrung, um zu wissen, wie und wo wir unsere Begabungen am besten einsetzen können.

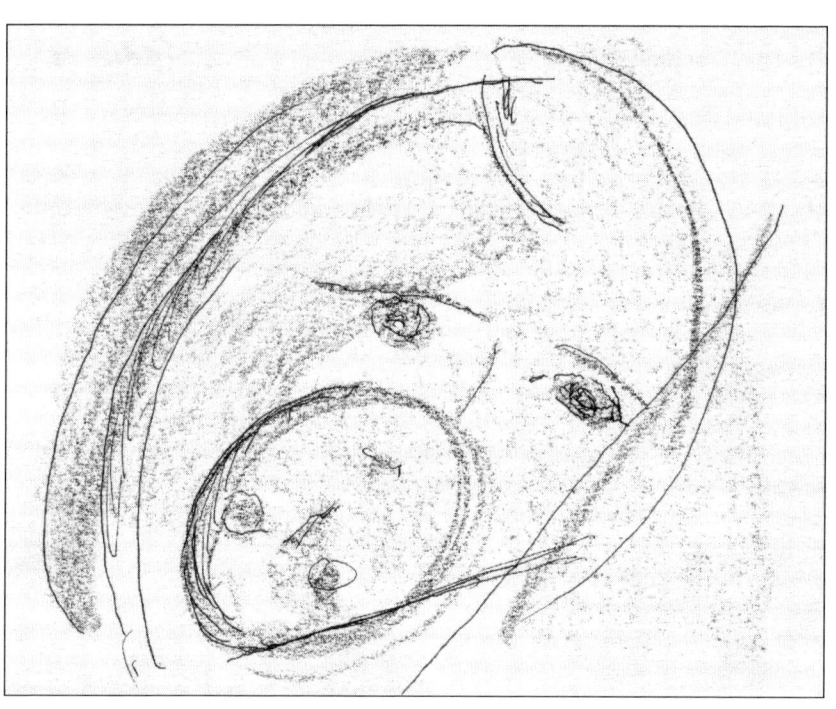

80

8

Auftritte im Rundfunk

Was hast du zu befürchten? Nichts. Wen musst du fürchten? Niemanden.
Warum nicht? Weil der, der sich mit Gott verbündet hat, drei große Privilegi-
en genießt: die Allmacht ohne Macht, die Betäubung ohne den Wein und das
Leben ohne den Tod.

Franz von Assisi

Ich hatte nie in Erwägung gezogen, in einem Radioprogramm zu erscheinen. Doch dann wurde ich als Gast in die Rundfunksendung von
John Alexandrov eingeladen. Er und seine Rundfunkstation waren zwar
offen für die Idee, ein spirituelles Medium in die Sendung einzuladen,
doch ich glaube, sie wussten nicht so genau, was ein Medium ist.

Schon zwei Monate vor der Sendung bekam ich Herzklopfen bei
der Vorstellung, von Tausenden von Menschen gleichzeitig gehört zu
werden. Manche Leute sagen, ich sei für das Radio wie geschaffen,
doch das stimmt nicht. Ich hatte von Anfang an Angst. Mir war klar,
dass wir manchmal Risiken eingehen müssen, um uns weiterzuentwickeln, auch wenn das Risiko in meinem Falle nur aus persönlicher

Blamage bestehen würde. Das Gute hingegen war, dass viele Menschen etwas entdecken könnten, das sie vor der Sendung nicht für möglich gehalten hätten – die Kommunikation mit Verstorbenen. Daher planten wir die Sendung, die am selben Abend live übertragen wurde, an dem der Spielfilm *The Sixth Sense* in den Kinos anlief.

Die Radiosendung fand an einem Freitagabend statt und dauerte von fünf bis sieben Uhr. John und seine Frau, Bret und meine Mutter begleiteten mich in die Rundfunkstation. Wir waren früh da, und das winzige Studio war noch leer, als wir eintrafen. John, der mich interviewen würde, machte mich mit den Kontrollschaltern, Kopfhörern und Mikrofonen vertraut. Wir suchten uns unsere Plätze aus. John saß auf einer Seite, und ich setzte mich zu seiner Rechten, so dass er mich ansehen konnte, während er mir Fragen stellte. Sobald er sein Konzept vor sich liegen hatte, waren wir bereit.

Dann traf Clyde, der Techniker, ein. Er gab John sorgfältige Anweisungen, was er vor und nach jedem Werbespot sagen sollte. Clyde war für die Werbung und die Musik vor und nach den Pausen sowie für die Telefonleitungen verantwortlich. Als der große Augenblick kam, hatte ich mehr Angst als je zuvor. Während die einleitende Musik einsetzte, hielt Clyde die Hand hoch; langsam nahm er erst einen, dann zwei, drei, vier und schließlich den fünften Finger herunter. Dann gab er John das Zeichen anzufangen. Ich wäre am liebsten aufgestanden und aus dem Studio gerannt, doch ich war ohne einen Fluchtweg in der Ecke gefangen.

John erzählte in der ersten halben Stunde der Sendung, wie wir uns kennen gelernt hatten, und wie er mich über meine Gabe interviewt hatte. Alexandrov hatte gesagt, der Schlüssel zu einem erfolgreichen Rundfunkinterview sei es, den Gast dazu zu bringen, Geschichten zu erzählen, doch John machte den Fehler, mir Fragen zu stellen, die mit einem kurzen »Ja» oder »Nein« beantwortet werden konnten, und in meiner Nervosität tat ich genau das. Ich klang wie ein schüchternes Kind, das mit einem Fremden redet.

»Ist es wahr, dass du Verstorbene tatsächlich sehen und hören kannst, Vicki?«, fragte er mich.

»Ja«, antwortete ich.

Eine peinliche Schweigepause entstand. John hatte wohl erwartet, dass ich mehr dazu sagen würde, doch mein Gehirn war leer und meine Hände zitterten.

»Könntest du das ein wenig ausführen?«, fragte er mit breitem Grinsen. John hat einen tollen Humor und amüsierte sich köstlich über meine Nervosität.

»Klar, na ja – normalerweise sehe und höre ich die Verstorbenen, aber manchmal höre ich sie auch bloß«, sagte ich. Das war alles. Wieder war mein Kopf leer und wieder entstand eine quälende Stille.

Nach ein paar weiteren Fragen, die ins Nichts führten, musste John sich zusammenreißen, um nicht in lautes Gelächter auszubrechen. In meiner lähmenden Panik antwortete ich zwei Mal durch stummes Kopfnicken. Ich hätte am liebsten auch gelacht, doch da ich noch nie im Radio gewesen war, dachte ich, wir müssten ernst bleiben.

Schließlich begann John, seine Fragen selbst zu beantworten, und bat mich, seine Antworten mit einem »Ja« oder »Nein« zu kommentieren.

»Stimmt es, dass Seelen sich nicht als gestorben ansehen, sondern die Bezeichnung ›übergewechselt‹ bevorzugen?«, fragte er.

»Ja«, antwortete ich.

»Eine ihrer Schlüsselbotschaften an uns ist, dass sie immer noch leben und bei uns sind. Nur sind sie uns jetzt in spiritueller statt in körperlicher Form nahe. Ist das richtig?«, fragte er weiter.

»Das ist richtig. Sie sagen oft, dass sie uns jetzt näher sind als je zuvor«, erwiderte ich.

Johns Methode, seine Fragen selbst zu beantworten und sich von mir nur die Bestätigung geben zu lassen, schien zu funktionieren. Zumindest wurde es leichter für mich, und ich fing an, mich zu entspannen. Bald darauf konnte ich meine Gedanken wieder ordnen und seine Fragen detaillierter beantworten. Doch kaum hatte ich mich entspannt, war es auch schon Zeit, die Anrufe entgegenzunehmen.

Die Hörer konnten den Radiosender anrufen, um von mir eine kurze Sitzung über das Telefon zu erhalten, die 3 bis 5 Minuten dauern sollte und live gesendet würde. Vor dem ersten Werbespot verkündete John die Telefonnummer des Senders. Er tat dies jetzt, da wir erst nach Beendigung des Interviews Anrufe entgegennehmen wollten. Als John Clyde während der Pause fragte, ob es schon einen Anruf gab, lachte Clyde. »Und wie! Alle Leitungen sind seit zehn Minuten nach Beginn der Sendung belegt. So was habe ich noch nie erlebt.«

Das beruhigte mich, da ich mir vorher Sorgen gemacht hatte, es könnte kein einziger Hörer anrufen. Jetzt spürte ich, wie meine Augen vor Nervosität glänzten, denn nun wurde es ernst.

John hat eine Theorie über das erste Mal, an dem man etwas vor einem großen Publikum tut: Wenn man gut vorbereitet, aber aufgeregt ist, entsteht durch die brandneue Erfahrung ein gewisser Zauber, der sich auf den eigenen Enthusiasmus überträgt. Selbst wenn man vor Angst fast durchdreht, bewirkt diese Begeisterung eine der besten Vorstellungen, die man je geben wird – nicht unbedingt die perfekteste, doch eine, an die man sich immer mit einem Lächeln erinnern wird. Ich betete insgeheim, er möge Recht behalten, und genau das geschah an diesem Abend.

Ich konnte während meiner Sitzungen Clydes Gesicht sehen. Jedes Mal, wenn ich ein Detail wie »Sie haben zwei Töchter, die beide gestorben sind?« erwähnte und der Anrufer dies bejahte, sah Clyde John groß an und murmelte »Unglaublich!« Er strahlte durch die ganze Sendung hindurch und seine positiven Reaktionen vermittelten mir das Gefühl, meine Sache gut zu machen.

Trotz meiner Anspannung überwand ich die Angst und zeigte zwanzigtausend Hörern, wie eine Sitzung mit einem Medium aussehen kann. Die Leute waren zwar daran gewöhnt, spirituelle Medien im Radio zu hören, die sie zu Beziehungs- und Berufsfragen berieten, doch damals wussten nur wenige Menschen, dass es möglich ist, mit Verstorbenen zu kommunizieren. Mein Ziel an diesem Abend war es, akkurate Mitteilungen über das Leben der Anrufer zu überbringen, die ich nie hätte wissen können, wenn die verstorbenen Verwandten der Anrufer sie mir nicht ins Ohr geflüstert hätten. Obwohl es nicht meine beste Rundfunksendung wurde, erhielt ich aufregende Hinweise von den Seelen, die die Anrufer dazu brachten, ihre bisherige Meinung zu überdenken.

Wie erwartet riefen auch ein paar Zweifler an. Zuerst hatte ich Angst davor, da ich nicht wusste, was passieren würde. Ihre Stimmen klangen nervös, ernst und misstrauisch, doch die Seelen, die erschienen, zeigten mir, dass auch diese Leute aus einem bestimmten Grund anriefen. Sie wollten glauben und sie wollten dazu meine Unterstützung. Manche von ihnen reagierten widerwillig und defensiv auf die Botschaften, die ich ihnen überbrachte. Doch wer könnte es ihnen verübeln? Beweise von mir zu hören, dass wir nach dem Tod weiterleben, bringt die Welt eines Skeptikers durcheinander. Manche Hörer waren erleichtert, andere außerordentlich dankbar, doch es gab eben auch Leute, die sich daran störten, dass das, an was sie ein Leben lang geglaubt hatten, nun in Frage gestellt wurde. An jenem Abend wurden also die Meinungen einiger Leute aufgerüttelt und es gab ihnen für die nächsten Wochen zu denken.

In der Zwischenzeit schauten Bret und meine Mutter uns durch ein großes Fenster im Flur zu. Sie konnten alles mithören, auch die Stimmen der Anrufer, die durch einen Lautsprecher übertragen wurden. Es war das erste Mal für meinen Mann eine meiner Sitzungen mitzuerleben. Meine Sitzungen hatten ihn nie wirklich interessiert, und so war es eine Art Durchbruch, als er endlich hören konnte, wie wertvoll die spirituellen Botschaften sein können.

Die Kommunikation mit einem geliebten Verstorbenen bringt bei den meisten Menschen Tränen zum Fließen. Es ist wie eine Begegnung mit jemandem, von dem man glaubte, ihn nie wieder zu sehen – zumindest nicht in diesem Leben. Deshalb halte ich immer eine Schachtel Papiertaschentücher in meiner Praxis und bei öffentlichen Sitzungen bereit, damit die Leute sich während der Sitzung die Tränen abwischen können. Wie meine Mutter mir später verriet, war das auch der Grund, weshalb Bret während der Sendung so oft auf die Toilette verschwand. Es muss ein surreales Erlebnis für ihn gewesen sein, die Sitzungen zu hören und ein neues Verständnis für die positiven Auswirkungen zu erlangen, die mein »kleines Hobby« der Welt zu bieten hat.

Die Telefonleitungen des Radiosenders waren während der ganzen Sendung blockiert. Die Öffentlichkeit konnte nicht genug davon bekommen. Alle wollten eine eigene Sitzung. Bevor wir Atem schöpfen konnten, waren die zwei Stunden vorbei. Wir waren alle erschöpft von dem Stress, und so gingen wir essen, um uns zu entspannen und uns über die Erfahrung auszutauschen. Wir ahnten nicht, dass viele weitere Rundfunksendungen folgen würden. Es war nur die erste Kurve auf einer Achterbahn, die schon so aufregend ist, dass man am liebsten aussteigen würde, obwohl man noch viele rasante Kurven und steile Abhänge vor sich hat.

Nach der Sendung waren meine Zweifel wie weggeblasen. Die Leute fingen an, mich anzurufen und mir E-Mails zu schicken. Sie berichteten, die Sendung hätte ihnen inneren Frieden, Trost und erneuerten Glauben geschenkt. Viele machten Termine für eine Einzelsitzung aus und sagten, die Sendung hätte ihre Zweifel genügend ausgeräumt, um eine Sitzung zu versuchen. Dies zeigte mir, dass unsere Botschaft angekommen war, und dass meine Auftritte in der Öffentlichkeit Menschen anziehen würden, die bereit waren, die Mitteilungen ihrer Verstorbenen zu hören.

Am Tag nach der Rundfunksendung rief ich John an und fragte: »Wann können wir das wiederholen?« Ich dachte, er würde mich auslachen, doch stattdessen sagte er, er würde sich mit einigen Rundfunkmoderatoren und Produzenten in Verbindung setzen, die er kennen gelernt hatte. Schon am nächsten Tag waren wir für zwei Rundfunksendungen in Boston gebucht. Innerhalb von einer Woche fingen wir an, im ganzen Land Interviews über das Telefon und in Radiosendungen zu bringen. Und nur zwei Monate später hatten wir unsere eigene Rundfunksendung bei einem überregionalen Radiosender.

In den kommenden Monaten präsentierten wir unsere Sendungen zwei Stunden wöchentlich. John spielte den Skeptiker, während ich den Anrufern Sitzungen gab. Er wusste, was die Zweifler dachten, wenn ich mit den Seelen kommunizierte, und so konfrontierte er mich mit ihren Fragen und Einwänden.

»Vicki, der Anruferin zu sagen, dass sie sich gerade an einer Weggabelung befindet ... Also ich weiß nicht – ist das nicht ein bisschen zu allgemein und offensichtlich? Jeder, den ich kenne, befindet sich gerade an einer Kreuzung seines Lebens«, warf John nach einer Sitzung ein, die ich mit einer Anruferin namens Joan begonnen hatte. »Ja, das stimmt zwar. Aber Joans Großmutter hat mir eine Straße gezeigt, die sich teilt, und das bedeutet, dass ihre Enkelin sich an einer Gabelung ihres Lebenswegs befindet. Sie führt mich zu der Richtung, die unsere Sitzung nehmen wird. Ich weiß jetzt, dass wir nicht über die Gesundheit oder Partnerbeziehung ihrer Enkelin reden. Dafür hätte mir die Großmutter andere Symbole gezeigt. Ich weiß jetzt, dass es um einen Berufswechsel, eine Ausbildung oder so etwas geht«, erklärte ich ihm.

John und ich waren ein großartiges Team. Wir waren aufeinander eingespielt wie ein altes Ehepaar. Er bat mich zu erklären, was ich sah und hörte, und stellte mir Fragen, wenn eine Botschaft zu vage klang, um glaubwürdig zu sein. Das half den skeptischen Hörern der Sendung, denn John stellte genau die Fragen, die ihnen durch den Kopf gingen. Und es half mir, noch besser zu verstehen, wie Zweifler denken, damit ich während einer Sitzung überzeugendere Details überbringen konnte.

Die Sendung war ein voller Erfolg mit hohen Einschaltquoten und wir erreichten rasch eine etablierte Anhängerschaft. Doch die überregionale Reichweite war nicht so hoch wie der Radiosender sagte, und so mussten wir eine Entscheidung treffen, ob wir den Vertrag erneuern sollten. John merkte, dass die Sendung zu viel seiner Zeit in Anspruch nahm, ohne dass er etwas daran verdiente, und so beschloss er, etwas Neues zu tun.

Daraufhin bauten wir unsere eigene Radiosendung auf, denn wir waren beide frustriert über die Art und Weise, wie manche Rundfunkmoderatoren meine Fähigkeiten darstellten. Einige von ihnen sahen keine spirituelle Botschaft in dem, was ich tat, und benutzten mich als reines Unterhaltungswerkzeug, als eine sensationelle Methode, um die Anrufe ihrer Hörer anzukurbeln. So stellte John unsere eigene Radiosendung auf die Beine.

Da er ein Perfektionist ist, verbrachte er jede Woche mehrere Stunden mit der Vorbereitung für die nächste Sendung. Er arbeitete Fragen über verschiedene Themen aus, um die Öffentlichkeit gezielt zu informieren. Doch die Sendung wurde zu einem Hobby, das seine kostbare Zeit verschlang, und so wurde ihm klar, dass er damit aufhören musste, um wieder mehr Zeit für sich zu haben. Er ermutigte mich jedoch, die Radiosendung allein fortzusetzen.

Ich war nicht sicher, ob ich sie allein meistern könnte.

»Wie soll ich die Sendung ohne dich durchziehen?«, fragte ich.

»Vicki, du *bist* die Sendung«, sagte er. »Die Leute stellen die Sendung nicht an, um meine skeptischen Bemerkungen zu hören. Sie wollen Botschaften von Verstorbenen hören. Noch lange nachdem die Leute den Typ vergessen haben, der früher in Vicki Monroes Sendung war, werden sie sich an die junge Frau erinnern, die es ihnen ermöglicht hat, mit ihrer Mutter im Himmel zu reden. Es wird Zeit, dass du lernst, es allein zu tun.«

»Aber ich weiß nicht, wie man die technischen Geräte bedient oder was man vor und nach den Werbespots macht«, protestierte ich.

»Es ist ganz einfach«, beruhigte er mich. »Hör auf, dir Sorgen zu machen. Ich weiß, du kannst es.«

Ich hatte Angst wie nie zuvor. Unser Vertrag mit dem Sender ging zu Ende, doch als ich in Erwägung zog, die Radiosendung zu beenden und größere Dinge anzufangen, spürte ich, dass ich noch nicht soweit war. Ich wusste, ich musste meine Ängste besiegen und die Sendung allein durchziehen. Also holte ich tief Luft und unterzeichnete die Vertragsverlängerung für ein paar weitere Monate. Dann rannte ich zur Post, bevor ich es mir anders überlegen konnte. Als der Umschlag in den Briefkasten fiel, war mir klar, dass eine neue Phase in meinem Leben angebrochen war – eine Phase der Unabhängigkeit, des Selbstvertrauens und des Muts. Nun musste ich mich nur noch selbst davon überzeugen, dass ich all das sein konnte.

Nach meiner ersten eigenen Sendung fühlte ich mich gestärkt. Ich hatte meine Angst bezwungen und die Sendung relativ mühelos überstanden. Ich genoss die Intimität, zwischen den Anrufen direkt zu den Hörern zu sprechen. Die Sendung hatte Erfolg und auch die nächsten zwei Monate blieben erfolgreich. Ich hatte mir bewiesen, dass ich es konnte. Meine Familie war stolz auf mich. Ich war es auch.

Als mein Vertrag zwei Monate später wieder erneuert werden musste, spürte ich, dass der Zeitpunkt gekommen war, um etwas Neues zu versuchen. Auch wenn der Radiosender überregional war, war die Zuhörerquote nicht bedeutend. Meine innere Stimme riet mir, den Vertrag nicht zu erneuern, und ich hörte darauf. Es war die richtige Entscheidung. Ungefähr ein Jahr nach John Alexandrovs Sendung und nur zwei Monate nach Beendigung meiner eigenen Radiosendung wurde ich jede

Woche einmal in eine beliebte Morgensendung einer Rundfunkstation in Portland, Maine eingeladen.

Die Q 97.9 fm-Radiosendung (»the Q« genannt) war der nächste große Schritt in meiner Berufung als Seelenbotin. Meine Einladung war das Ergebnis eines glücklichen Zufalls und das geschah so:

Eines Morgens war ich damit beschäftigt, meine vier Kinder für die Schule fertig zu machen und zur Bushaltestelle zu bringen. Als ich zurück ins Haus ging, schaltete ich das Radio ein. Es war auf einen Kindersender eingestellt, damit ich versuchen konnte, für die Kinder Quizfragen zu beantworten, bei denen man Karten für ein Konzert und Ähnliches gewinnen konnte. Während ich die Geschirrspülmaschine ausräumte, hörte ich die Quizfrage des Tages: »Wozu wird Flaxseed verwendet?« Ich spitzte die Ohren. Als Ärztin kannte ich die Antwort. Also rief ich beim Radiosender an und landete zu meiner Überraschung sofort bei der Moderatorin der Sendung. Das Telefongespräch wurde live im Radio übertragen. Sie fragte mich nach meinem Namen und ob ich die Lösung für die Quizfrage kennen würde. Ich sagte sie ihr und gewann prompt zwei Karten für ein Rockkonzert, das die Lieblingsband meines Jüngsten gab.

Normalerweise wäre das das Ende meines Anrufs gewesen, doch die Moderatorin unterhielt sich mit mir, als wären wir alte Freunde. Sie stellte sich als Joan vor und nannte mich Vic. Joan fragte mich, was ich beruflich tue. Sofort stieg meine alte Angst wieder in mir hoch, doch zu meiner eigenen Überraschung sagte ich, ohne zu zögern: »Ich bin ein Medium, oder besser gesagt eine Seelenbotin.«

Sie nahm mein Geständnis begeistert auf und fragte, ob ich am nächsten Tag als Gast in ihre Sendung kommen könnte. Ich fragte sie stotternd, was ich in der Sendung tun sollte. Sie klang so aufgeregt, dass es schwer war, sich nicht davon anstecken zu lassen.

»Die Hörer können hier anrufen, und dann hören wir, was ihre verstorbenen Verwandten ihnen sagen wollen.«

Ich erklärte mich dazu bereit. Da ihre Sendung von 5:30 Uhr bis 10:00 Uhr morgens lief, beschlossen wir, dass ich um sieben während des Berufsverkehrs anfangen sollte.

Als ich am nächsten Tag in die Rundfunkanstalt kam, holte Joan mich am Eingang ab und führte mich in ein kleines Studio, in dem sie allein arbeitete. Ihr Discjockey hatte anscheinend vor einer Woche beschlossen, nicht mehr aus dem Urlaub zurückzukehren, und so war sie ohne Partner. Meine Gegenwart half ihr, die Sendung spannender und interessanter zu gestalten, während sie auf einen neuen Discjockey wartete. Sobald sie mich im Radio vorgestellt hatte, blinkten die Lampen der Telefone!

Ich saß neben Joan, während sie die Anrufe entgegennahm.

»Hallo, wer ist da?«

Eine leise Stimme am anderen Ende der Leitung sagte: »Hier ist Jen, kann ich bitte Vicki sprechen?«

Joan erklärte der Anruferin, dass ich außer ihrem Vornamen keine Informationen über sie haben wollte.

Jen fragte hastig: »Wer steht hinter mir?« Es war die Frage, die mir in den sieben Jahren, in denen ich für den Sender gearbeitet habe, jeder stellte.

Ich antwortete: »Hallo, Jen. Ich sehe eine mütterliche Gestalt hinter Ihnen.«

Jen fing sofort an zu weinen.

Joan riss die Augen auf. Sie flüsterte mir zu: »Mein Gott!«

Ich fuhr fort: »Ich sehe eine Frau, die sich als Alice vorstellt und erst vor vier Monaten an Brustkrebs gestorben ist. Sie steht direkt vor mir. Sie ist zierlich, hat wunderschönes, langes Haar und sie ist sehr glücklich. Sie tanzt.«

Jen am anderen Ende der Leitung lachte unter Tränen, und bald darauf war Joan so gerührt, dass sie sich die Nase putzen musste. »Das ist meine Mutter. Sie hieß Alice und ist heute vor vier Monaten gestorben. Sie war früher Tänzerin, doch als sie krank wurde, konnte sie nicht mehr laufen. Und sie sagte mir immer wieder, ich solle die Fotos, auf denen sie tanzt, nicht wegräumen. Ich habe sie nie weggepackt!«

»Das ist toll«, erwiderte ich. »Sie sagt, sie hat Sie in Ihren Träumen besucht, doch beim ersten Mal haben Sie sie nicht erkannt, weil sie so jung aussah.«

Jen brach wieder in Tränen aus. »Das stimmt. Ich habe zwar ihre Liebe gespürt, aber ich war verwirrt. Ich sehe meine Mutter immer noch als die Kranke, die sie zuletzt war. Ich konnte mich nicht mehr daran erinnern, wie sie als junges Mädchen ausgesehen hatte. Jetzt, da ich weiß, dass sie bei mir ist, habe ich nicht mehr das Gefühl, als wäre sie tot. Sie ist bloß auf eine Reise gegangen und eines Tages werde ich wieder mit ihr zusammen sein.«

Dann erwähnte ich den Namen ihres Mannes Brad und ihrer beiden Söhne Mark und Michael. Sie war überglücklich.

»Sie haben mein Leben verändert! Ich kann gar nicht sagen, wie sehr ich genau das hören musste, und ich weiß jetzt, dass Sie sie wirklich sehen. Meine Mutter ist genauso, wie Sie sie beschrieben haben, und jetzt kann ich beruhigt sein, dass sie glücklich ist und es ihr gut geht!«

Joan beendete das Telefonat. »Danke Jen, dass Sie Vicki erlaubt haben, mit Ihrer Mutter zu sprechen. Sie klingt wundervoll, und ich muss schon sagen, diese Erfahrung hat mich richtig erschüttert. Sobald Vicki anfing, mit Ihnen zu reden, und Sie ihre Informationen bestätigt haben, brauchte ich ein Taschentuch. Auf dem Flur vor meinem Studio hat sich das Personal versammelt und alle wollen eine Sitzung mit Vicki! Danke, Jen!«

Wir machten mit dem nächsten Anrufer weiter. Nun war der Flur total überfüllt und sogar die Discjockeys der anderen Stationen im Gebäude hörten zu.

»Hallo, wer ist da?«, fragte Joan jetzt noch eifriger, nachdem sie gesehen hatte, wie ich arbeite.

»Scott. Kann ich mit Vicki sprechen?«

»Hallo, Scott«, sagte ich. »Möchten Sie wissen, wer hinter Ihnen steht?«

»Erst muss ich Ihnen sagen, dass ich noch nie an solches Zeug geglaubt habe, aber nach dem Anruf vorhin habe ich meine Zweifel bekommen«, sagte Scott.

Joan und ich mussten lachen. Dann fing ich an. »Also, Scott, es ist merkwürdig, aber ich sehe einen Hund, einen großen rotblonden Hund. Das ist nichts Ungewöhnliches, denn auch Tiere wechseln über, und diese Hündin scheint viele Jahre lang Ihre engste Gefährtin gewesen zu sein. Sagt Ihnen der Name Maggie was?«

Joan und ich warteten mehrere Sekunden ab. Dann hörten wir am anderen Ende der Leitung ein leises Schniefen. Joan fragte sanft: »Sagt Ihnen das etwas, Scott?«

Scott antwortete mit tränenerstickter Stimme: »Das ist mein Golden Retriever. Ich musste sie gestern einschläfern lassen.«

Er fing an zu schluchzen. »Habe ich das Richtige getan? Weiß sie, wie sehr ich sie geliebt habe? Sie war ein Geschenk meines Großvaters und er ist letzte Woche gestorben.«

»Scott, alle Seelen, die überwechseln, werden wieder jung, und Maggie bildet keine Ausnahme. Sie liegt Ihrem sehr jungen Großvater gerade zu Füßen. Sie übermittelt mir das Gefühl, dass Sie schon eine Weile gewusst haben, wie krank sie war, und dass Sie alles versucht haben. Doch gestern früh sind Sie aufgewacht, und da lag Maggie nicht auf dem Bett, sondern im Wohnzimmer vor der Tür nach draußen. Sie haben sich gebückt und in ihren Augen gelesen, dass der Zeitpunkt gekommen war, sie loszulassen. Lassen Sie sie jetzt gehen. Sie will rennen und glücklich sein. Das Tolle ist, dass Sie genau das getan haben. Sie haben sie zum Tierarzt gebracht und einschläfern lassen. Sie war darüber nicht traurig, sondern sie liebt Sie dafür nur umso mehr. Sie werden sie immer um sich herum haben. Und genauso wird Ihr Großvater Ihnen immer nahe sein.«

Scott schluchzte jetzt herzzerreißend. »Es geht ihr also gut? Kann sie mir verzeihen?«

»Es gibt nichts zu verzeihen. Sie haben das Richtige getan. Sie haben sie genug geliebt um zu wissen, wann ihr Leben auf dieser Erde zu Ende war. Und Sie werden den Verlust für eine Weile spüren. Doch danach wird es einen anderen Hund für Sie geben. Ihr Großvater sagt, Sie können nicht keinen Hund haben!«

Scott lachte unter Tränen. »Genau das hat er immer gesagt!«

Dann überbrachte ich ihm die Botschaft seines Großvaters. »Scott, wir sind Hundemenschen. Sie lieben uns bedingungslos, und egal wohin wir gehen, selbst wenn es nur die zehn Meter bis zum Briefkasten und zurück sind, freuen sie sich, uns wieder zu sehen. Sie lieben ohne Wenn und Aber. Mach dir wegen Maggie keine Gedanken, Kleiner. Sie ist jetzt bei mir und sie ist verspielt und lebt wieder. Das Leben ist schön hier und wir können nur glücklich sein. Vergiss nicht: Ich werde dich immer beschützen.«

Scott sagte: »Er war mein Lieblingsgroßvater, eigentlich eher ein Vater für mich, weil ich meinen richtigen Vater nicht gekannt habe. Ich habe wie die meisten Leute geglaubt, wenn man stirbt, ist alles vorbei, aber jetzt weiß ich, dass das nicht wahr ist! Ich kann es einfach nicht glauben, dass Sie ausgerechnet heute wo ich Hilfe brauche, im Radio sind. Ich wusste nur nicht, wie diese Hilfe aussehen sollte. Danke, Vicki! Sie sind erstaunlich, und ich habe echt das Gefühl, als wären Maggie und mein Großvater hier bei mir!«

Mir kamen die Tränen. Das passiert mir immer. Wie könnte es anders sein? Es ist ein so überwältigendes Gefühl, jemandem innere Weisheit, Frieden und das Wissen zu schenken, dass das Leben tatsächlich weitergeht, wenn auch auf eine viel strahlendere Weise.

Der Anruf ging zu Ende und für die nächsten drei Stunden folgten Anrufe im Zwei-Minuten-Takt. Nach Ende der Sendung waren Joan und ich erschöpft.

Wir gingen hinauf in die Lobby. Der Leiter des Radiosenders kam und bat uns in sein Büro.

»Unglaublich«, sagte er. »Sie waren der Star der Sendung. Ich hatte noch nie eine Radiosendung, in der ich geschäftliche Telefonate beenden musste, weil mir die Tränen kamen! Sie sind wirklich unglaublich und ich möchte Sie jede Woche in der Sendung haben. Wären Sie an so etwas interessiert?«

Begeistert ergriff Joan meine Hand. »Sie müssen es einfach tun! Das war die beste Sendung, die wir je hatten, und von nun an werden die Donnerstage nie mehr dieselben sein.«

Ich brauchte nicht lange zu überlegen. »Ich würde es schrecklich gern tun!«

Joan und ich wurden gute Freunde und sind es heute noch. Aus dem Sender wurde eine große Rundfunkanstalt in einer Großstadt. Ich bin jeden Donnerstag in der Sendung, doch nun habe ich zwei Moderatoren und springe für Joan ein, wenn sie Urlaub macht. Meine Vorführungen sind weiterhin der Höhepunkt an den Donnerstagen und die Einschaltquoten sind seit meinem ersten Auftritt zwei Jahre nach der Geburt des Radiosenders in die Höhe geschnellt.

Durch die Radiosendung begannen viele Leute anzurufen, und so konnte ich meine Arbeit als Gesundheitsberaterin aufgeben, um mich ausschließlich den Sitzungen zu widmen.

Ich wurde in viele Rundfunksendungen im ganzen Land eingeladen, habe ein Buch geschrieben und nun meine erste Meditations-CD herausgebracht. Durch den glücklichen Zufall, den mein Anruf wegen der Quizfrage mir einbrachte, wurde ich sozusagen eine Radio-Berühmtheit in den Vereinigten Staaten und sogar rund um die Welt. Ich habe meine Tätigkeit schon damals geliebt und tue es noch heute. Man könnte es den Anfang einer neuen Lebensphase nennen. Der Zufall hat mich aus dem stillen Kämmerlein ins Rampenlicht geholt und ich bin ihm jeden Tag aufs Neue dafür dankbar.

100

9

Live-Veranstaltungen auf der Bühne

Nach sechs Monaten beim Rundfunksender Q verspürte ich das Verlangen, die Menschen auf andere Weise zu erreichen. Ich wollte die Sendung zwar nicht verlassen, doch ich wollte die Kommunikation mit Seelen auf eine andere Art als über Privatsitzungen oder Radiosendungen zeigen. Ich wollte der Öffentlichkeit eine weitere Option ermöglichen.

Ein paar Monate vorher hatte John Veranstaltungen auf der Bühne erwähnt, in denen ich den Zuschauern Sitzungen live vorführen konnte.

Man sollte annehmen, dass meine bisherigen Erfahrungen mich auf jedes neue Abenteuer vorbereitet hätten, doch jetzt erwartete mich eine Live-Demonstration als Medium. Vor einem Mikrofon eine Sitzung abzuhalten ist etwas ganz anderes als das Risiko einzugehen, vor zweihundert Zuschauern eine Sitzung zu versuchen. Als spirituelles Medium hat man nicht unbedingt die angeborene Fähigkeit, vor großen Zuschauermengen zu reden. Ich bildete in dieser Hinsicht keine Ausnahme. Mir ging es wie jedem anderen auch – meine größte Angst war, einen Vortrag in der Öffentlichkeit halten zu müssen. Sofort tauchten vor meinen Augen Schreckensvisionen auf, in denen ich vor einem riesigen Publikum versagte. Wieder bekam ich Panik. Ich dachte: ›Was ist, wenn ich keine Botschaften empfange? Was, wenn ich vor Angst wie gelähmt bin? Wenn ich in dem großen Saal die Seelen nicht zuordnen kann? Oder wenn niemand eine Eintrittskarte kauft?‹ Doch dank der wachsenden Beliebtheit der morgendlichen Rundfunksendung war es ein Leichtes, zweihundert Karten zu verkaufen. Und auch wenn ich von Ängsten und Zweifeln geplagt war, zeigten mir meine bisherigen Erfahrungen, dass ich darauf vertrauen konnte, dass alles gut gehen würde. Andere hatten es getan – also konnte ich es auch schaffen. Und aus irgendeinem unerklärlichen Grund hatte ich das Gefühl, es versuchen zu müssen.

Ich rief John an und fragte ihn, ob er bei meinem Auftritt eine Einführungsrede halten könnte. Er sagte zu und gab mir gleich ein paar Tipps, die er bei anderen spirituellen Vorführungen gelernt hatte. Er half mir auch, einen Eintrittspreis festzulegen, da ich selbst keine Ahnung hatte, wie viel ich dafür verlangen sollte. Später trafen Bret und ich mich mit ihm, meiner Kollegin Meredith aus der Q-Radiosendung und ihrem Mann, um die Einzelheiten der Vorstellung auszuarbeiten. Meredith erklärte sich bereit, mich vorzustellen. John wollte eine Rede halten. Bret, meine Mutter und meine Schwester boten sich an, bei der Dekoration, dem Verkauf der Karten und den Sitzarrangements zu helfen. Es war gut zu wissen, bei meiner ersten Live-Demonstration von meinen Lieben umgeben zu sein.

Zu diesem Zeitpunkt – etwa einen Monat vor meinem ersten öffentlichen Auftritt – bestellten so viele Leute Karten, dass ich schon eine
zweite Veranstaltung buchen musste. Die erste war innerhalb von vier
Wochen ausverkauft. Meine Mutter half mir beim Vorverkauf, dem
Verschicken der Karten und den Saalvorbereitungen. Da Bret sich
Sorgen machte, was für Leute die Vorstellung anziehen könnte, kümmerte er sich um die Sicherheitsfragen.

Mein erster Live-Auftritt war auch der schwerste, denn jeder
Augenblick kam unerwartet. Dennoch gab es keine Zwischenfälle oder
unliebsamen Überraschungen. Die Botschaften kamen klar und deutlich
herüber.

Bevor es losging, zitterte ich vor Angst, doch sobald ich die Bühne
betrat, war ich so mit den Botschaften der Seelen beschäftigt, dass ich
völlig vergaß, nervös zu sein. Und mir wurde klar, warum öffentliche
Redner, Schauspieler und Komiker sich nichts anderes als das Bühnen-
leben vorstellen können. Ich spürte eine gewaltige Energiewelle, die
von den Zuschauern ausging. So etwas hatte ich noch nie erlebt. Es
war, als wäre meine Aura mit der von zweihundert anderen gleichzeitig
verbunden. Und anstatt verwirrt zu sein, welche Seele zu welchem Zuschauer gehörte, spürte ich eine extreme Klarheit, die sicherlich durch
diese Energie der Zuschauer kam.

Ich muss zugeben, diese Live-Vorstellung war eines der
spannendsten Dinge, die ich jemals erlebt habe.

Wie ich es bei großen Gruppen gewöhnlich tue, zog ich Nummern.
Auf diese Weise kann niemand mir den Vorwurf machen, ich würde be-

stimmte Gäste in die Vorstellung schmuggeln, um die Ergebnisse zu fälschen. Die erste Nummer, die ich an dem Abend zog, war die Zahl Eins. Das überraschte mich. Ich wurde auf einer großen Leinwand live gezeigt, so dass die Zuschauer mich und die jeweilige Person, deren Sitzung ich gerade hielt, bei der Arbeit sehen konnten.

Ich rief die Nummer auf und ein gut aussehender junger Mann in der ersten Reihe direkt vor mir stand auf. Seine Mutter saß neben ihm.

Ich ging zu ihm.

»Sie sind Nummer Eins?«, fragte ich lächelnd. Er konnte nicht älter als 21 sein. Doch obwohl sein Lächeln aufrichtig und freundlich war, sah ich Schmerz. Da erschien »sie«. Sie ging direkt auf ihn zu, legte den Arm um ihn und lächelte mich an.

Sie nickte mit einem so herzlichen Lächeln, dass ich die Liebe zu ihrem Zwillingsbruder förmlich spüren konnte. Sie waren eineiige Zwillinge. Die junge Frau hatte langes, dunkles braunes Haar, die gleichen dunkelbraunen Augen wie er und ein Strahlen, das ansteckend war.

»Hallo, Danielle«, sagte ich.

Ihr Zwillingsbruder sah mich etwas misstrauisch mit großen Augen an. Seine Mutter holte ein Taschentuch aus der Tasche und nahm seine Hand.

»Ihre Schwester ist hier. Ja, es ist Ihre Tochter, Mutter«, fuhr ich fort. »Was für ein wunderschönes Mädchen! Und ja, das findet sie auch.«

Ihr Bruder Jeff lachte leise. »Sie hielt sich schon immer für hübscher als mich. Wir standen oft vor dem Spiegel und nahmen uns gegenseitig auseinander, auch wenn unsere Gesichtszüge identisch waren. Dann haben wir gelacht.«

»Also, ich soll Ihnen mitteilen, dass sie immer noch der Meinung ist, die Hübschere von beiden zu sein.«

Diesmal musste die Mutter lachen. »Das ist typisch für Danni – sie hatte immer das letzte Wort!«

»Sie wollte jetzt unbedingt mit Ihnen reden, Jeff, denn sie weiß, wie sehr Sie gelitten haben.«

Wieder entstand gespanntes Schweigen.

»Sie war verlobt, als sie einen Autounfall hatte. Sie sagt mir, dass sie gerade von der Arbeit nach Hause fuhr. Dass sie nicht auf die Straße geachtet hat, weil sie am Radio herumdrehte. Das Nächste, an was sie sich erinnert, ist, auf der anderen Straßenseite zu stehen. Eure Großmutter stand neben ihr. Sie sah, wie ihr Auto über eine Böschung raste und gegen einen Baum krachte.«

»Wie meinen Sie das, dass sie gesehen hat, wie ihr Auto über die Böschung gerast ist?«, wollte Jeff wissen. »Sie saß doch in dem Auto – wie kann sie es von außen sehen, wenn sie drin sitzt?«

Ich hörte den Schmerz in seiner Stimme, und sprach ruhig und einfühlsam, doch gleichzeitig mit fester Stimme, damit er die Veranstaltung mit der Bestätigung verlassen konnte, die er dringend brauchte.

»Sie müssen wissen, dass eine Seele kurz vor dem Tod nicht im Körper bleibt. All die vielen Monate, in denen Sie sich gefragt haben, ob sie im Auto noch gelitten hat, vielleicht bei Bewusstsein war und Todesangst hatte – so läuft es nie ab, denn die Seele befreit sich direkt vor dem Tod aus dem Körper. Wir alle haben diese Gabe – egal wie wir zu Tode kommen, wir spüren keine Angst davor. Wir kriegen nichts davon mit, weil wir wenige Augenblicke vor unserem Tod schon auf unserer Reise ins Licht sind. Danni beobachtete den Unfall, während das Licht sie schon rief.«

»Hat sie wirklich nicht gelitten? Es war meine größte Angst, dass sie allein und voller Panik in dem zertrümmerten Auto lag und einsam starb«, sagte die Mutter weinend.

»Das ist es, was sie euch hier mitteilen will. Sie hat von alledem nichts gespürt.«

Dann wiederholte ich das, was Danni mir noch erzählte: »Großmutter war da. Sie sah jung aus, und ich war so froh, sie zu sehen. Ich bin richtiggehend zu ihr ins Licht gerannt. Es ist erstaunlich – man weiß genau, wohin man geht. Unser Hund Emma war auch da, aber als Welpe, und wir wurden mit den Verwandten und Freunden aus diesem Leben und aus früheren Leben wiedervereint. Es war toll! Ich wusste sofort, dass hier alles begonnen hat und dies der Ort ist, an den wir alle zurückkehren.«

Ihr Bruder stand still da. In seinen Augen standen Tränen, doch ich spürte seine Zweifel. Aber Danni ließ das nicht zu. Sie bat mich, ihn zu fragen: »Auf welche Frage willst du unbedingt eine Antwort? Mit welcher Frage bist du hergekommen für den Fall, dass deine Nummer gezogen würde?«

Das ist keine leichte Karte für ein Medium, doch Danni war eine erstaunliche Seele. Und sie wusste genau, dass ihr Bruder diesen Beweis mehr als alles andere brauchte, um sich zu vergewissern, dass es seiner Schwester wirklich gut ging, sie glücklich war und ihn mehr als je zuvor lieb hatte.

Gespannt hörte ich mir seine Frage an.

»Bitten Sie sie, mir zu sagen, wie ich sie als Kind immer genannt habe und was ich zu einer bestimmten Jahreszeit immer gemacht habe. Sie ist die Einzige außer meiner Mutter, die die Antwort darauf kennt.«

Ich geriet nun leicht ins Schwitzen. Denn obwohl die Sitzungen gut liefen und ich in Neuengland und dem Rest der Vereinigten Staaten immer beliebter wurde, war dies eine Situation, die mir Sorgen machte. Ich glaube zwar fest an meine Gabe, aber man kann keine Seele dazu zwingen, etwas zu sagen. So funktioniert es nun mal nicht.

Doch Danni stürzte sich geradezu auf Jeffs Frage. Sie gab mir ein Handzeichen. Sie wollte mir antworten. Ich holte tief Luft und wiederholte ihre Worte.

»Sie sagt, dass Sie an Ostern ihre Eier immer aus ihrem Korb geklaut haben, und dass Sie sie immer ›Gelee-Ei‹ genannt haben, weil sie die Gelee-Eier am wenigsten mochte.«

Ich stand da und dachte erstaunt: ›Das ist alles, was er hören wollte?‹

Danni nickte mit einem spitzbübischen Lächeln und zeigte auf ihre Mutter, die laut zu lachen anfing und nun vor Freude weinte.

Ihr Bruder fragte mich daraufhin: »Und was habe ich in meiner Tasche? Fragen Sie Danni das.«

»Zwei schwarze Gelee-Eier. Die haben Sie mitgebracht, weil die am abscheulichsten von allen schmecken! Und sie sagt, Sie hätten ihr immer die Eier in den besten Farben geklaut und alle schwarzen liegen lassen. Auch wenn sie Gelee-Eier nicht ausstehen kann, fand sie, dass sie in ihrem Körbchen hübsch aussahen, aber wenn sie dann morgens aufstand, fand sie nur noch schwarze Eier in ihrem Osterkorb«, lautete die Antwort.

Jeffs Gesichtszüge, die während der gesamten Fünf-Minuten-Sitzung nüchtern geblieben waren, entspannten sich nun sichtbar. Ein Lächeln huschte über sein Gesicht, während er mit gesenktem Kopf da stand und über das nachdachte, was ich ihm erzählt hatte.

Ich wartete ein paar Sekunden und sah, wie Danni ihren Bruder umarmte. Er nahm einen tiefen Atemzug und verstand nicht, warum er plötzlich von einem Gefühl von Frieden und starker Liebe eingehüllt wurde. Er hob den Kopf und sah mich an. Nun war ich es, die ihn mit großen Augen anstarrte.

Ich hatte keine Ahnung, ob er mir nun glaubte oder nicht. Bei seiner Mutter hingegen gab es keinen Zweifel – ihre Erleichterung war deutlich zu sehen. Und ihr Lachen war voller Freude. Ihre Tochter hatte immer noch Humor und das letzte Wort. Doch ihr Sohn …

Der starrte mich an, bis ich spürte, dass mir der Schweiß auf der Stirn stand. Insgeheim betete ich, dass er so etwas wie »Jetzt haben Sie

mich überzeugt, obwohl ich hierher kam, um Ihren Hokuspokus aufzu-
decken!« sagen würde.

Stattdessen sagte er nüchtern lächelnd mit einem anerkennenden Ni-
cken nur: »Nicht schlecht!«

Dann setzte er sich wieder.

Ich glaube, ich riss vor Staunen den Mund auf, bis jemand aus der
hintersten Reihe rief: »Er hat Ihnen wohl einen Schock versetzt!«

Ich fing an zu lachen, genauso wie Jeff jetzt lachte.

»Danke, ich weiß Ihre Worte zu schätzen«, sagte ich.

Wieder nickte er, und ich schaute zu, wie seine Schwester in das
Licht ging – nein, wie sie rannte. Sie ließ lauter bunte Gelee-Eier für
mich zurück.

»Danke«, rief sie. »Jetzt müssen sie nicht mehr um mich trauern!«

Es ist zwar schwer zu glauben, dass eine Veranstaltung, die sich um
die verstorbenen Freunde und Verwandten von Zuschauern dreht, auch
Spaß und Unterhaltung bieten kann, doch die Gefühle schwanken so
auf und ab, dass man weint und im nächsten Augenblick lacht. So etwas geschieht zwar auch bei privaten Sitzungen, jedoch nicht in demselben Ausmaß wie in einem öffentlichen Forum. Es amüsiert das Publikum zu hören, wenn der Großvater Segelohren hatte oder die Seele
den Haarschnitt ihrer Schwester immer noch unvorteilhaft findet.

Und auch wenn es beim Lesen vielleicht nicht lustig erscheint, lösen solche Bemerkungen bei den Zuschauern sofort Gelächter aus,
nachdem sie sich gerade die Augen ausgeweint haben, als der verstor-

bene Vater seinem Sohn vor der versammelten Menge gesagt hat, wie stolz er auf seinen erwachsenen Sohn ist. Obwohl es ein sicheres Gefühl für den richtigen Augenblick und einfühlsamer Diskretion bedarf, um zu wissen, wann man bei wem einen Scherz machen darf (was mir beides überraschenderweise auf Anhieb leicht fiel), schätzen die Zuschauer diesen Wechsel sehr – macht er doch die Live-Demonstration nicht nur zu einem spirituellen Gewinn, sondern auch zu einem unterhaltsamen Abend.

10

Seelenbotschaften im Scheinwerferlicht

Im Sommer 2003 rief mich ein Fernsehproduzent an, der lange in Russland gearbeitet hatte und nun mit Frau und Kindern zurück nach Maine gekommen war. Ich kannte ihn aus einer Privatsitzung bei mir zu Hause, zu der er sich angemeldet und seine Frau mitgebracht hatte, nachdem er meine Rundfunksendung gehört hatte. Kyle war ein sympathischer Mensch, den es tief beeindruckt hatte, als ich Einzelheiten über seine Verwandten, seine Frau und sogar seinen neugeborenen Sohn wiedergegeben hatte. Nach der Sitzung dankte er mir herzlich, schüttelte mir die Hand und ging.

Zwei Wochen später erhielt ich einen Anruf seiner Fernsehproduktionsfirma. Er produzierte eine TV-Sendung und meinte, da es sich um eine Reality-Show handelte, würde ich mich perfekt dafür eignen. Sie würde sich um meine Tätigkeit drehen, die in jeder beliebigen Stadt der Welt gezeigt werden würde. Es wurde der Beginn der Sendung *City Psychic*.

Zuerst führten wir zahlreiche Gespräche darüber, wie wir die Sendung drehen wollten. Fremde auf der Straße, Leute im Bus und in der U-Bahn, und selbst Restaurantgäste beim Mittagessen waren vor unseren Ideen nicht mehr sicher. Ich sollte einfach auf sie zugehen und ihnen auf eine persönliche Art sagen, wer ich bin, wozu die Kamera war und sie fragen, ob ich eine kurze Sitzung mit ihnen abhalten könnte. Wenn sie zustimmten, würde ich mich hinsetzen und die Sitzung durchführen.

Drei Monate später – es war Ende Oktober – drehten wir die Pilotensendung von *City Psychic*. Wir hatten uns für Boston entschieden und landeten zuerst in Harvard.

College-Studenten und verstorbene Seelen ergaben eine herrliche Mischung; entweder ignorierten sie mich völlig – oder sie waren total begeistert. Was sie nicht wussten, war, dass man einen verstorbenen Lieben nicht ignorieren *kann*, egal ob man daran glaubt oder nicht. Wenn sie nun also eine Sitzung abgelehnt hatten und ich ihnen einen Namen hinterherrief, drehten sie sich auf der Stelle um und kamen angerannt.

Der Tag in Boston war sehr kalt und das College in Harvard war voller Studenten auf dem Weg von einem Fach zum nächsten. Ich entdeckte einen jungen Mann, der aus einem großen Gebäude trat, und dachte: ›Der kommt gerade richtig!‹ Mein Produzent fragte dauernd: »Sind Sie sicher? Jagen Sie ihm bloß keine Angst ein!«

Lächelnd winkte ich ab. »Er wird mir zuhören«, sagte ich entschlossen und ging auf ihn zu. Er hieß David. Ich stellte mich ihm vor.

Er starrte mich mindestens fünf Sekunden lang wortlos an. Dann nickte er.

Das Kamerateam stellte eine Bank in der Nähe auf, und ich fragte ihn, ob es ihm was ausmachen würde, sich zu setzen und gefilmt zu werden. Widerstrebend stimmte er zu.

Wir setzten uns auf die Bank.

»David«, fragte ich ohne große Umschweife, »haben Sie Ihren Großvater mütterlicherseits verloren?«

Seine Augen hinter den dicken Gläsern wurden noch größer.

»Ja, er ist gestorben.«

Ich fuhr fort: «Damals waren Sie gerade in England, nicht wahr?«

Er setzte seine Brille ab und war nun ganz bei der Sache. Man konnte spüren, dass er diese Informationen brauchte, und der unsichtbare, liebevolle Großvater, mit dem ich kommunizierte, lieferte sie mir.

»Sie studieren Musik. Ihr Großvater hat Ihnen ein Musikinstrument geschenkt und Sie haben ein Lied für ihn geschrieben. Er sagt, Sie können wunderbar singen und dass er sich sehr über sein Lied freut. Er erzählt mir auch, Sie hätten es in England geschrieben, als Sie von seinem Tod erfahren hatten.«

David starrte mich sprachlos an. Dann rollten ihm die Tränen über die Wangen.

»Er war mein Lieblingsgroßvater, aber ich konnte nicht mehr Abschied von ihm nehmen. Er hat mir immer gesagt, ich solle stolz auf das sein, was ich bin, und dass ich mich nie dafür schämen müsste, Musiker zu sein.«

Ich lächelte und er berührte meine Hand.

»Weiß er wirklich, wie sehr ich ihn vermisse?«

Ich sah seinen Großvater an. Als David die beruhigende Botschaft erhielt, sein Großvater wüsste es, wurde aus dem geborenen Zweifler ein echter Überzeugter.

Ich bat ihn, mir die Taschenuhr zu zeigen, die er bei sich trug.

»Ihr Großvater hat Ihnen diese Uhr hinterlassen. Sie steckt in Ihrer rechten Hosentasche.«

David zeigte sie mir ohne zu zögern.

»Er hat sie mir tatsächlich vererbt. Ich habe sie früher immer in die Hand genommen und bewundert, wenn ich bei ihm war. Ich fand sie schon immer schön. Wir hatten ein Faible für Uhren und für das, wofür sie stehen, doch er war der Einzige, der sich mit mir über solche Dinge unterhielt. Das hat er Ihnen verraten, nicht wahr?«

»Nein«, antwortete ich. »Nur, dass die Taschenuhr in Ihrer Tasche steckt und Ihnen und ihm sehr wichtig war. Den Rest der Geschichte haben Sie selbst erzählt.«

David hätte am liebsten den ganzen Tag auf der Bank verbracht und mir Fragen gestellt, doch da wir uns an unseren Zeitplan halten mussten, fuhren wir weiter zu einer Baustelle, die ich auf dem Weg zum College entdeckt hatte. Ich bedankte mich bei David dafür, dass er es mir erlaubt hatte, eine Sitzung mit ihm abzuhalten. Als Antwort umarmte er mich und sagte, er hoffte sehr, dass die Fernsehshow erfolgreich sein würde.

»Das hoffen wir beide«, gab ich zurück. »Passen Sie gut auf sich und die Taschenuhr auf!«

Die Baustelle war nur einen oder zwei Blocks vom Hauptgebäude der Harvard University entfernt und so gingen wir zu Fuß hin. Während das Team die Geräte aufstellte, sah ich den nächsten Menschen, mit dem ich reden wollte. Er war während meiner Sitzung mit David mit verwirrter Miene an uns vorbeigegangen.

Er fuhr einen großen Gabelstapler, und als ich auf ihn zuging und ihm mehr oder weniger den Weg verstellte, hielt er an und wunderte sich wohl, wer die Verrückte mit den roten Haaren war, die sich vor seinen Gabelstapler stellte. Er ließ den Motor laufen, vermutlich um bei Bedarf schneller flüchten zu können.

Der Mann hieß Jim und sah aus wie Santa Claus. Es war fast unmöglich, ihm seinen Vornamen zu entlocken – wäre da nicht seine Mutter gewesen, die zu seiner großen Überraschung neben ihm saß.

»Ihre Mutter starb vor ungefähr zwei Jahren an Krebs. Sie sagt, sie heißt Joan, und sie erzählt mir, dass Sie immer ihr lieber kleiner Junge waren, und dass Sie und Ihre Frau sie sogar zu Hause gepflegt haben. Können Sie damit etwas anfangen?«

Jim war sprachlos.

Ich wartete ab und schaute in die Kamera.

»Wir nennen diese Reaktion eine psychische Amnesie. Man steht so unter Schock, dass man nicht weiß, was man sagen, denken oder fühlen soll.«

Doch seine Gefühle waren deutlich spürbar. Ich wiederholte meine Frage und diesmal fing er an zu reden: »Ja, das war meine Mutter und ja, so hat sie geheißen. Sie war eine wunderbare Frau, und es stimmt, dass meine Frau und ich sie gepflegt haben.«

Doch seine Mutter hatte noch mehr, was sie ihm sagen wollte. »Ihre Mutter hat mir erzählt, dass Sie das Selbstloseste getan haben, was ein Mensch für einen anderen tun kann.«

Mit Tränen in den Augen sah er mich an.

»Sie haben ihr erlaubt zu gehen und gesagt, dass Sie sich um Ihren Vater kümmern werden.«

Nun fing Jim an leise zu weinen. Sein breiter Brustkorb bebte. »Woher wissen Sie das alles? Ich habe keinem jemals erzählt, dass ich ihr das gesagt habe. Ich habe mich oft gefragt, ob ich ihr das Gefühl gegeben habe, dass sie von uns gehen müsste.«

»Jim, Ihre Mutter dankt Ihnen dafür. Ihr Vater ist krank und Sie kümmern sich jetzt um ihn. Und in Zeiten der Not waren Sie für Ihre Mutter da und sagten ihr: ›Finde dein Lachen wieder, Mom! Du musst wieder anfangen zu leben!‹«

Er schwieg und schluchzte weiter. Da ich selbst ein sehr emotionales Wesen bin, kamen auch mir die Tränen.

»Sie sagt, Sie sollen keine Schuldgefühle mehr haben. Sie sagt: ›Du hast mich losgelassen, du hast meine Seele befreit, damit sie heimfliegen konnte. Und jetzt bin ich jung, gesund und zu Hause. Ich hätte mir keinen liebevolleren Sohn als dich wünschen können. Du warst mein Engel. Und jetzt werde ich immer für dich da sein. Es gibt keine

Abschiede, Jimmy, es gibt nur eine Fortsetzung des Lebens auf eine andere Art. Ich werde auf Dad warten, mach dir keine Sorgen um ihn. Und ich werde immer für dich da sein.‹«

An diesem Punkt schwieg ich und ließ Jim verarbeiten, was seine Mutter mir gesagt hatte.

Schließlich setzte ich mich zu ihm in die Kabine. Den Motor hatte er längst abgestellt. Nach einer Weile sah Jim mich an.

»Es ist wirklich erstaunlich. Sie müssen verstehen, ich bin eher ein zurückhaltender Mensch. Aber ich habe meine Mutter über alles geliebt. Und Sie haben tatsächlich mit ihr gesprochen; ich kann ihre Gegenwart hier richtig fühlen. Ich habe sie schon oft in meiner Nähe gespürt, aber ich habe es abgeschüttelt und dachte, es sei bloß mein Wunschdenken. Aber sie ist wirklich hier. Sie ist stolz auf mich und ich habe das Richtige getan. Fünf lange Jahre habe ich mich gefragt, ob das, was ich tat, richtig war, und in zwei Minuten haben Sie es mir bestätigt. Meine Mutter ist jetzt glücklich zu Hause im Himmel. Wie kann ich Ihnen dafür danken?«

Ich schüttelte den Kopf.

»Bitte danken Sie nicht mir, es ist nur meine Aufgabe. Es ist das, was ich täglich tue: Ich lasse Menschen wie Sie wissen, dass sie immer noch geliebt werden, auch wenn ihre Verwandten und Freunde schon lange von ihnen gegangen sind.«

Ich stieg wieder hinunter, und seine Dankesworte folgten mir, als ich ihm zum Abschied winkte.

»Sie sind so ein Medium, oder?«, rief er mir hinterher.

Ich schüttelte den Kopf.

»Nein, die Seelen haben mir immer gesagt, ich sei etwas anderes.«

»Was denn?«

Ich drehte mich um. »Ich bin nur eine Botin, Jim.«

Er ließ den Motor wieder an und rief mir zu: »Danke für die Botschaft! Sie haben mein Leben verändert!«

Das war alles, was ich hören wollte.

Während der Dreharbeiten begegnete ich auch Crystal. Sie war eine der jungen Frauen, die zuschauten, während ich schon fünf oder sechs Leuten Sitzungen gegeben hatte. Sie hob schnell die Hand und bat um eine Sitzung.

»Soll ich Ihnen erklären, wie es funktioniert?«, fragte ich.

»Nein, ich finde diese Dinge toll und habe schon immer daran geglaubt«, antwortete sie ohne zu zögern.

Man konnte die Aufregung und freudige Erwartung in ihren Augen sehen. Ich hoffte nur, dass die Seelen, an die sie dachte, auch erscheinen würden.

»Also, ich sehe einen Großvater mit einem fremd klingenden Namen – er klingt fast arabisch. Können Sie damit etwas anfangen?« Sie nickte hastig und bat ihre Freundinnen um ein Taschentuch. Eine der anderen jungen Frauen, die zusahen, ließ ihre Schulbücher fallen, suchte nach einem Taschentuch und rannte herbei, um es ihr zu geben.

Crystal bedankte sich und fragte mich: »Können Sie meinen Großvater wirklich sehen? Geht es ihm gut? Weiß er, wie sehr ich ihn
vermisse? Ist er sauer auf mich, weil ich nur noch Englisch spreche?«

Ich konnte ihr rasch versichern, dass ihr Großvater, der an einem
plötzlichen Blutgerinnsel gestorben war, ohne sich von seinen
Verwandten zu verabschieden, glücklich war. Er genoss sein Leben zu
Hause im Himmel. Doch das bedeutete nicht, dass er nicht mehr über
sie wachte.

»Ich bin stolz auf dich«, sagte er mit einem Akzent, den ich immer
noch keinem Herkunftsland zuordnen konnte. »Folge deinem Papa in
die Fußstapfen und werde Ärztin. Du wirst erfolgreich sein, Crystal.«

Crystal liefen die Tränen über die Wangen und sie verbrauchte noch
mehr Taschentücher, die ihre Kommilitoninnen bereitwillig zur Verfügung stellten. Sie wussten, wie sehr Crystal sich danach gesehnt hatte,
mit ihrem Großvater Kontakt aufzunehmen. Und nun war er da, ganz
wie sie gehofft hatte.

Sie putzte sich die Nase und sagte: »Ich konnte nicht mehr Abschied von ihm nehmen. Ich hatte ihn sehr lieb und er zog vor ungefähr
zehn Jahren aus dem Libanon hierher und brachte mir die Sprache bei.
Ich hatte immer vor, eines Tages in den Libanon zurückzugehen und
dort als Ärztin zu arbeiten.«

Ich lächelte und hörte einer neuen Stimme zu. Es war ihre Großmutter, die sich Ivy nannte. »Ihre Großmutter ist jetzt auch hier. Sie sagt,
was Sie studieren ist gut. Sie sagt, Sie sollen sich um die Kinder küm-

mern, sie sind unsere Erben, unsere Zukunft, und der Libanon braucht eine Zukunft. Er braucht eine friedliche Zukunft.«

Wieder fing Crystal an zu weinen.

Plötzlich breitete sich ein penetranter Geruch am Drehort aus. »Was riecht da so merkwürdig?«, fragte ich. »Riecht ihr es auch?« Der Produzent, die Kameraleute, die Visagisten und die Filmassistenten schüttelten alle den Kopf. Niemand außer mir vernahm den Geruch, selbst Crystal nicht.

»Es riecht nach Kohl und irgendeinem fetten Fleisch – einer Wurst oder etwas Ähnlichem«, sagte ich.

Da fing Crystal an zu lachen. Auch ihre Freundinnen stimmten in das Gelächter ein. Ich sah sie fragend an. Crystal wischte sich die Augen; jetzt war die Freude größer als der Schmerz.

»Meine Großmutter kochte fast jeden Abend Kohl«, erklärte sie. »Sie sagte immer, Kohl sei gut für die inneren Organe, aber wir konnten ihn alle nicht ausstehen, und der Geruch blieb immer an unseren Kleidern hängen. Das Fleisch ist eine Wurst, die sie jeden Sonntag kochte.«

Sie lachte immer noch, während ich zu ihrer Großmutter sagte: »Okay, Ivy, genug Kohl! Wir kennen jetzt die Bedeutung des Geruchs!«

So unmittelbar wie der Geruch aufgetaucht war, so schnell war er auch wieder verschwunden. Ich schnupperte die Luft des bewaldeten Campus; sie roch nach saftigen Pinien und frühem Schnee. Ich bedankte mich bei Crystal. Sie umarmte mich fest.

»Danke, Vicki. Ich wusste immer, dass sie da sind, aber ich musste mich noch mal vergewissern. Sie haben alles bestätigt, an was ich schon immer geglaubt habe. Jetzt fühle ich mich befreit, so als hätte meine Seele endlich die Bestätigung, die sie gebraucht hat. Ich hoffe, Ihnen eines Tages wieder zu begegnen.«

Ich erwiderte ihre Umarmung.

»Nichts zu danken. Ich bin froh, dass ich helfen konnte, und man weiß ja nie – vielleicht begegnen wir uns eines Tages wirklich wieder. Vielleicht brauchen Sie mich dann im Libanon. Wir alle haben Seelen, die über uns wachen, und vielleicht wird Ihr Land dann bereit sein, mit seinen Seelen zu kommunizieren.«

Und so setzten wir die Dreharbeiten fort. Es gab viele Sitzungen, Tränen und Happy Ends. Abschlüsse. Etwas abschließen zu können ist so wichtig für alle, die einen Verlust spüren, auch wenn er in Wirklichkeit nur ein Ortswechsel auf Zeit ist.

11

Häufige Fragen

Wie ich selbst erfahren konnte, besteht das Leben aus einer Reihe von Kapiteln. Am Ende entdeckt man seine eigene Geschichte. Alles, was geschieht, hat einen Grund. Hören Sie immer auf Ihre Intuition, denn sie ist die Verbindung zur anderen Seite. Das Leben währt ewig und die andere Seite ist nichts als Liebe. Wir alle wissen dies in jenem Augenblick, in dem wir dort ankommen.

Während meiner Tätigkeit als Seelenbotin werde ich oft über meine Arbeit befragt, und wie ich die Kommunikation mit den Seelen herstelle. Hier ist eine Liste der am häufigsten gestellten Fragen. Im Anschluss habe ich Informationen zusammengetragen, die ich über die Jahre von den Seelen, die mich führen, erhalten habe. Die Weisheiten, die sie mir in den vielen Jahren übermittelt haben, sind außergewöhnlich und nicht nur für mich, sondern auch für die vielen Menschen, mit denen ich Sitzungen abgehalten habe, enorm hilfreich.

Hat jeder Mensch einen spirituellen Führer?

Ja! Jeder von uns hat einen wichtigen spirituellen Führer, der unser ganzes Leben lang über uns wacht und bei uns bleibt. Man könnte ihn auch unseren Schutzengel nennen.

Gibt es außer dem einen spirituellen Führer noch andere Seelen um mich herum?

Abhängig von den jeweiligen Umständen in unserem Leben tauchen weitere Seelen auf, die uns helfen.

Wie kommunizieren diese Seelen mit uns?

Oft kommunizieren Seelen durch subtile Zeichen mit uns. Viele ihrer Hinweise ignorieren wir. Es können so einfache Zeichen wie der leichte Duft eines vertrauten Parfüms, Pfeifenrauch oder ein Lufthauch in einem verschlossenen Zimmer sein.

Wenn eine geliebte Person, die verstorben ist, in meinen Träumen erscheint – versucht sie dann, mir eine Botschaft zu überbringen?

Wenn eine Seele durch Träume mit Ihnen kommuniziert, will sie Ihnen oft mitteilen, dass sie da ist und es ihr gut geht.

Hören Menschen kurz vor ihrem Tod, wenn wir uns von ihnen verabschieden?

Ja! Oftmals ist es eine Vergewisserung für sie, dass es in Ordnung ist, zur anderen Seite überzuwechseln.

Wenn jemand unerwartet stirbt, hört er dann auch, wenn wir uns von ihm verabschieden?

Wenn das Leben eines Menschen plötzlich endet, besucht seine Seele uns oft sofort, um den Schock zu verringern und uns ihr Weiterleben wissen zu lassen. Sie ist bei uns und unser Abschied wird gehört.

Haben meine Lieben, die verstorben sind, mir verziehen?

In einer Welt, in der nichts außer Liebe existiert, kann es auch nichts als Vergebung geben.

Wer ist bei mir?

Es sind nicht immer diejenigen, die man erwartet. Man darf nicht vergessen, dass spirituelle Führer reale Leben hinter sich haben. Sie können unsere Verwandten oder Freunde sein, doch sie sind alle auch unsere Lehrer. Unabhängig davon, auf welchem Weg man sich gerade befindet, ist immer ein Führer da, der einem bei der Überwindung der jeweiligen Wegstrecke hilft.

Sie sagen, dass die Seele den Körper schon vor dem Tod verlässt. Wie lässt es sich dann erklären, dass manche Sterbenden bis zum letzten Augenblick bei Bewusstsein bleiben und bis zum letzten Atemzug sprechen können?

Da das Gehirn ein physisches Organ ist, kann es sprechen und sich gut ausdrücken. Doch wenn die Funktionen des Körpers zu Ende gehen, bewegt die Seele sich schon durch die Tür zur anderen Seite, da sie spirituell ist. So werden Körper und Seele getrennt. Ein Körper kann von sich aus nur kurze Zeit ohne Seele weiterleben. Deshalb können Komaopfer ohne Hirnfunktionen nur mit einem Apparat am Leben erhalten werden. Die Seele ist dann nicht länger ein Teil ihres Körpers, sondern hat ihn schon vor langer Zeit verlassen.

Die Informationen der spirituellen Führer sind wahre Geschenke an die Menschen. Die Führer sind immer aktiv; sie beantworten nicht nur die Fragen der Lebenden, sondern sie geben mir auch Auskünfte über fünf ganz wichtige Dinge, die jeder auf Erden wissen muss. Wenn wir uns ihre Lektionen zu Herzen nehmen, wird es die Welt wirklich besser machen. Im Folgenden habe ich einige Zitate der spirituellen Führer niedergeschrieben:

1. »Es gibt keine alten Seelen.« Das hat mich überrascht, da ich schon oft gehört habe, wie Leute jemanden eine »alte Seele« genannt haben.

»Wie kann das möglich sein?«, fragte ich. »Vom Anbeginn der Zeit fing der Schöpfer die Essenz des himmlischen Selbst ein und verteilte die winzigen Lichtfragmente in alle Himmel mit der Ankündigung, dass einige im Himmel verbleiben und andere hin und her reisen würden. Solche Wesen nennen wir Engel. Andere wiederum würden irdische Leben führen und ihre Weisheit durch die Herausforderungen des

Lebens gewinnen. Deshalb ist eine »alte Seele« nur eine Metapher für jemanden, der schon viele Leben gelebt hat.«

2. Die Führer fuhren fort, mir mit diesem Bild ihr Wissen zu übermitteln. Viele Menschen nehmen es wörtlich, doch wenn man die Wahrheit kennt, ist alles ganz einfach. Es sind die Menschen, die mit ihrer Tendenz zu Habgier und Vorurteilen alles komplizierter machen als es ist.

»Solche Menschen sollten in ihrer Lebensführung besonders vorsichtig sein. Man erinnert sich nicht daran, wie viel Geld sie gescheffelt haben oder wie viel Eigentum sie besessen haben. Man erinnert sich daran, wer dieser Mensch war und was er getan hat, um anderen das Leben zu erleichtern.«

Die geistigen Führer sagen im Wesentlichen aus, dass wir während der Passage von der Erde in die Sphäre, die wir ›Himmel‹ nennen, einen Rückblick auf unser irdisches Leben werfen.

Ich fragte sie: »Wie geschieht das?«

Sie antworteten: »Wenn eine Seele wieder in ihren ursprünglichen Zustand zurückkehrt, wird sie freudig von ihren Lieben empfangen und erkennt sofort, wo sie ist. Es gibt nichts am Tod, was man fürchten müsste. Nach der Wiedervereinigung mit alten Freunden und Verwandten wird die Seele aufgefordert, sich eine Art Film über ihr vergangenes Leben anzusehen.«

Hier handelt es sich um das Phänomen, von dem Menschen berichten, wenn das Leben wie ein Film vor den Augen abläuft. In diesem kurzen Augenblick sind das ganze Leben und alle, denen man je begegnet ist, zu sehen. Gleichzeitig sind alle schon einmal gefühlten Emotionen sowie die Schmerzen und das Leid zu spüren, die man anderen zugefügt hat.

Die geistigen Führer betonten: »Nur so kann man wirklich verstehen, wie es anderen erging. Wir müssen ihren Schmerz oder ihr Glück fühlen.« Ich kann verstehen, wie wichtig dieses Gesetz ist. Solange wir uns nicht in andere Personen hineinversetzen, werden wir niemals unsere höchste Stufe des Verstehens erreichen.

3. Die geistigen Führer fuhren fort, mir mehrere Stunden lang beizubringen, wie das Leben sein sollte und wie die Dinge sich verändert haben.

»Die Seele ist Tausende von Jahren alt. Seelen sind alle gleich alt; sie unterscheiden sich nur in ihrem Wissen und ihrer Weisheit, die von den Lebenszeiten auf der irdischen Ebene abhängen.«

Egal ob es sich um ein Neugeborenes oder einen alten Menschen handelt – der Zeitpunkt unseres Todes wird von uns gewählt, bevor wir in einen menschlichen Körper schlüpfen. Der Körper ist für die Seele nur das Gehäuse, in dem sie wohnt, bis sie ihre Mission hier auf Erden erfüllt hat. Diese Mission kann einen Tag, einen Monat oder viele Jahre dauern. Was immer wir beim Entwurf unseres Lebens entschieden haben, wird sich nicht ändern. Wir wählen unseren Anfang und unser Ende. Für die Zeit dazwischen steht uns unser freier Wille zur Verfügung. Er kann unsere Existenz entweder verkürzen und uns somit früher zurückschicken, oder wir können die falsche Richtung einschlagen. Dann dauert es länger, bis wir unsere Mission erfüllt haben. Aus irgendeinem unerklärlichen Grund bleibt die Seele nur hier, solange sie muss. Die geistigen Führer fügten als tröstliche Note hinzu, dass die Seelen vor dem Tod aus dem Körper abgezogen werden.

Viele Menschen sind zu mir gekommen und haben mich gefragt: »Hat mein Vater bei seinem Herzinfarkt gelitten? Musste mein Sohn nach dem Autounfall Schmerzen erleiden?«

Meistens ist die Antwort ein definitives NEIN. Die Seele hat den Körper schon verlassen und ist auf dem Weg nach Hause, bevor sie überhaupt merkt, was geschehen ist. Dies ist eine der tröstlichsten Botschaften, die ich an trauernde Hinterbliebene weitergeben kann.

4. Die geistigen Führer brachten mich mit folgender humorvollen Erklärung zum Lachen: Anscheinend hat Eitelkeit im Jenseits eine wichtige Bedeutung, denn alle Seelen, unabhängig davon, wie alt der Körper beim Tod war, ziehen sie es im Jenseits vor, so auszusehen wie im Alter von 16 und 24 Jahren. Wer im Leben dunkles Haar hatte, kann sich nun für rotes oder blondes Haar oder jede andere Haarfarbe entscheiden. Wer dick war, kann jetzt dünn sein. Es gibt keine hässlichen Seelen im Himmel!

5. Die nächste Lektion, die mir Frieden schenkte, war das Wissen, dass der Himmel kein Himmelstor hat oder einen alten Mann, der darauf wartet, über uns sein Urteil zu sprechen. Nur wir selbst können uns

beurteilen – und auch nur nach unserem Rückblick auf unser Leben. Wir selbst sind unsere wahren Richter, um unsere Schwächen und Stärken herauszufinden.

Auf dieser Ebene wirkt die Vorstellungskraft einer jeden Seele. Nach dem Rückblick auf unser Leben werden wir gebeten, die Augen zu schließen und uns vorzustellen, wie unser Himmel aussehen soll. Diese Gedanken bringen uns an jeden gewünschten Ort. Wenn wir auf Erden gern geangelt haben, können wir die Augen öffnen und uns an einem Ort wiederfinden, an dem die Forellen immer anbeißen. Oder wir können an einem wunderschönen Strand stehen. Alle Wünsche werden dort drüben erfüllt. Man muss es sich nur vorstellen. Unabhängig davon, welchen Ort eine Seele sich aussucht – sie hat immer ein Fenster, das auf die irdische Welt blickt.

Auf der anderen Seite sind alle eine Familie, ohne durch Religionen, Herkunft oder Geschlecht getrennt zu sein. Diese Unterschiede existieren dort nicht. Die Wesen sind dazu da, in Frieden zu leben. Alle himmlischen Wesen sind da, um uns zu helfen. Niemand, der auf der Erde zurückgelassen wurde, muss traurig sein, denn niemand ist allein. Die Liebe ist die stärkste Macht der Welt und eine ständige Kraft unter uns, die große Veränderungen und Frieden in einer feindseligen Welt bringen kann.

6. Eine weitere Lektion der spirituellen Führer handelte von den Lehren Jesu Christi. Seine Lehren waren einfach, doch viele von ihnen finden sich nicht in der Bibel.

Die Geistführer sagten dazu: »Jesus war ein einfacher, liebevoller Mensch, der zwar für uns gelebt hat, doch er war nicht der einzige Sohn unserer Schöpfer. Wir alle sind Lichtfunken aus derselben Quelle. Jesus sollte uns auf unserem richtigen Weg unterstützen. Wir irdischen Wesen brauchen etwas länger, um die Wahrheit zu begreifen.

In Jesus' Lehren gab es keine Kirchen. Es waren die Menschen, die diese Gebäude errichteten und sie Gotteshäuser nannten. Doch wir alle können mit Gott reden, wann immer wir uns danach fühlen. Dazu brauchen wir nicht unsere Wohnung zu verlassen. Gott ist in allen Dingen um uns herum und hört immer zu. Er beantwortet unsere Fragen nicht immer sofort, denn oft gibt es Aufgaben, die wir erst noch bewältigen müssen.«

Die Führer betonten »Mitgefühl, Verständnis, Liebe, Geduld und sich vor allem kein Urteil über andere Lebewesen bilden«.

Wir haben nicht das Recht dazu und werden es auch nie haben. Man erinnere sich an den Rückblick auf das vergangene Leben – nichts öffnet die Augen mehr als das Leid und den Schmerz eines anderen zu fühlen, den wir verursacht haben.

Abschließend möchte ich auf Ihre innere Stimme hinweisen. Die Logik des Verstandes wird viel zu überbewertet. Wir alle kennen die Frage »Soll ich – oder soll ich nicht?« Ich rate Ihnen, hören Sie auf die leise innere Stimme. Ihr Gewissen ist ein Teil Ihrer Seele und es verbindet sich mit den anderen hilfreichen Seelen. Lassen Sie sich von Ihrem wahren Gewissen leiten, dann wird das Leben eine lohnenswerte Reise in die Heimat unserer Träume.

132

12

Eine Gruppe von helfenden Seelen

Im vergangenen Jahr sammelte ich viele neue Erfahrungen. Bis vor kurzem hielt ich Sitzungen mit Klienten ab, in denen ihre Verstorbenen mit mir sprachen. Dann gab ich die Botschaften an die überlebenden Verwandten weiter. Manchmal kommen dabei Informationen zu Tage, die meine Klienten und mich gleichermaßen überraschen.

Ich war mitten in einer einstündigen Sitzung mit einer jungen Frau und ihrem frischgebackenen Ehemann. Beide weinten vor Freude, als sie hörten, dass ihr neugeborener Sohn, der nur eine Stunde nach seiner Geburt verstarb, bei ihnen war. Er sah nicht wie ein Säugling aus, sondern hatte die äußere Erscheinung aller Seelen, die zwischen dem Alter von 16 und 24 liegt.

Ich teilte ihnen mit, was ihr Sohn mir sagte: »Ich bin nicht weggegangen, sondern nur bei der ›Gruppe‹. Sie wird euch auf eurer Reise durch dieses Leben begleiten und euch bei den Prüfungen helfen, die euch auferlegt werden.« Ich unterbrach mich für einen Augenblick. Beide Eltern sahen mich verwundert an.

»Was meint er mit ›Gruppe‹?«, fragte die Mutter. »Steckt er etwa in Schwierigkeiten?«

Ich nenne ihren Sohn Alex, da ich die Namen der Klienten vertraulich behandeln muss.

Alex antwortete rasch: »Wir können hier keine Schwierigkeiten bekommen. Wir sind im Himmel!«

Dann beugte sein Vater sich zu mir vor und wollte wissen: »Was bedeutet eine ›Gruppe‹? Da unsere Großeltern und Eltern noch leben, ist es tröstlich zu wissen, dass es unserem Sohn gut geht. Aber wer sind die Toten, mit denen er zusammen ist?«

In der spirituellen Welt hat das Wort „tot“ einen negativen Beiklang. Die Überlebenden sollten es nicht verwenden, wenn sie von der Seele eines Verstorbenen sprechen.

Ich schaute Alex fragend an. Er grinste, was mich verunsicherte. Ich befürchtete, er könnte meine Frage über die Gruppe nicht beantworten. Seine Eltern wurden schon unruhig, und ich wusste, dass sie viel gelitten hatten und nun dringend Antworten brauchten. Deshalb drängte ich Alex zu einer Erklärung.

»Alex, ich habe noch nie etwas von einer Gruppenversammlung gehört. Was ist das?«

Lächelnd setzte er sich neben seinen Vater. »Es ist eine Gruppe von Seelen, die ihr aus diesem oder früheren Leben kennt. Da wir alle eine Familie sind, kann jede Seele jeder Gruppe angehören.«

»Ist diese Gruppe von Seelen immer bei uns?«, wollte ich wissen.

Er lachte. »Nein. Wenn jemand gebraucht wird, um uns bei dem Lebensplan zu helfen, kommen sie. Mit Lebensplan ist der Plan der Seele für das irdische Leben gemeint. Deswegen werden wir auf der Erde geboren. Wir suchen uns unseren Anfang und unser Ende selber aus. Der Rest wird von unserem freien Willen ausgefüllt. Die Helfer kommen und stehen uns bei den Dingen, die wir überwinden müssen, bei. Sie wissen, wann Hilfe gebraucht wird, und nur eine Seele, die schon etwas Ähnliches durchgemacht hat, kann diese Hilfe leisten. Sobald die schwierige Lage überwunden ist, gehen sie oft zum Nächsten, der das gleiche Problem hat.«

Ich war von seinen Erläuterungen fasziniert und seine Eltern waren sprachlos. Ich fragte ihn: »Wenn die Seele ihre Aufgabe erfüllt hat, begibt sich die Gruppe zu einem anderen Menschen und steht ihm bei, ist das richtig?« Alex nickte.

Seinen Eltern kamen wieder die Tränen. Die Mutter fragte schluchzend: »Warum hast du uns verlassen? Was war der Grund? Wir wollten und liebten dich so sehr! Warum musstest du von uns gehen?« »Ja, was war der Grund?«, fragte ich Alex. Mir ist klar, dass alle Seelen einen Grund für ihre Handlungen haben. Unfälle und Krankheiten sind keine zufälligen unglücklichen Ereignisse, sondern das Ende eines gesetzten Zeitrahmens. Danach beginnt ein neuer Zeitrahmen, der uns auf eine neue Lebensreise führt.

»In deinem letzten Leben hattest du neun Kinder, Mutter. Das war sehr anstrengend für dich. Du hast öfters gesagt, keine Kinder mehr zu wollen, und wurdest trotzdem immer wieder schwanger. Aber du konntest ihnen keine Liebe geben. Beim Rückblick auf dein damaliges Leben hast du ihre schmerzhafte Einsamkeit und ihr Bedürfnis, von dir geliebt zu werden, gefühlt. Da hast *du* dich entschieden, dein nächstes Kind (mich) zu verlieren, und *ich* wollte nicht mehr für ein langes irdisches Leben auf die Erde zurückkehren. Ich tat es aus Liebe zu dir.«

Ich sah, wie Alex' Eltern langsam anfingen, den Sinn zu verstehen. »Aber ich will doch Kinder«, sagte seine Mutter jetzt. »Ich wollte dich behalten.«

Ohne zu zögern antwortete Alex: »Du hast das schon vor deiner Geburt in dein jetziges Leben entschieden. Es ist alles Teil deines Plans, der sich jetzt erfüllt hat.«

Er schwieg für einen Augenblick, als würde er überlegen, ob er mich die nächste Botschaft an seine Eltern überbringen lassen wollte. »Was ist, Alex? Was soll ich ihnen mitteilen?«, fragte ich.

Lächelnd berührte er den Bauch seiner Mutter.

»Was hat das zu bedeuten?«

»Ich habe nur gefühlt, ob es sich schon bewegt«, erwiderte er.

»Ob sich was bewegt?«, fragte ich perplex.

»Meine Mutter ist schwanger. Sie war so mit Weinen um mich beschäftigt, dass sie es nicht merkte.«

Ich war sprachlos. Ich wusste nicht, was ich tun sollte. Es gehört nicht zu meinen Aufgaben, Klienten mitzuteilen, dass sie ein Kind erwarten. Was war, wenn es nicht stimmte? Alex schien meine Unsicherheit zu spüren, doch er bestand darauf, dass ich seiner Mutter diese Botschaft überbringen sollte.

»Sagen Sie es ihr«, drängte er. »Keine Tränen mehr. Sie sind jetzt bereit, ihr Leben fortzusetzen.«

Seine Eltern sahen mich fragend an. Ich war gar nicht glücklich darüber, dass Alex' Seele mich dazu zwang, den Eltern diese intime Information zu überbringen. Also holte ich tief Luft und sagte: »Alex hat mir mitgeteilt, dass Ihr Trauerprozess zu Ende ist. Die Seelen haben sich um Sie herum versammelt, und es ist jetzt Zeit, an die Zukunft zu denken.«

Ich spürte, dass diese Auskunft bei den Eltern Misstrauen auslöste. »Wie kann er behaupten, unsere Trauer sei vorbei? Wir fühlen uns innerlich wie abgestorben. Wie können wir an die Zukunft denken, wenn wir nicht leben, sondern nur überleben?«, wollte seine Mutter wissen.

»Das kann ich gut verstehen«, sagte ich. »Aber Sie sind so mit dem Überleben beschäftigt, dass Sie das Leben, das Sie in sich tragen, gar nicht wahrnehmen.«

Jetzt strahlte Alex. Zu ihm gesellten sich zehn andere Seelen, die ich nun auch sehen konnte. Eine jung wirkende Frau, die schwanger aussah, trat vor. Ich vermutete, dass sie die spirituelle Führerin der Schwangerschaft war.

Plötzlich schrie jemand auf. »Ich bin schwanger, nicht wahr?«, fragte Alex' Mutter. Die Trauer war aus ihrem Gesicht gewichen und sie strahlte wie seit Monaten nicht mehr. »Ich war so damit beschäftigt, traurig zu sein, dass ich es nicht gemerkt habe. Ich werde ein Kind haben! Das ist es, was Alex Ihnen gesagt hat, nicht wahr?«

Vor Aufregung stand sie auf.

»Alex versichert mir, dass ein ungeborenes Kind da ist«, sagte ich, »ein Kind, das nur darauf wartet, dass Alex geht, damit es Ihr Kind werden kann. Dieses Kind hat viel Liebe und Verständnis zu geben, da es schon viele Leben hinter sich hat. Es ist eine sehr starke Seele und es hat Sie ausgewählt, weil Sie an diesem letzten Ereignis gewachsen sind. Jetzt haben Sie sich weiterentwickelt, und das gewährt auch der Seele, die Ihr Kind werden wird, eine größere Chance auf spirituelle Entwicklung.« Ich lächelte glücklich. »Es sieht so aus, als sei die Gruppe zur nächsten Etappe Ihrer Reise übergegangen – der Etappe der Elternschaft. Jetzt sind Sie bereit dazu.«

Es folgten noch viele Fragen. Einige konnte ich mit Hilfe der Gruppe und natürlich mit Alex' Unterstützung beantworten. Auf andere bekam ich keine Antworten. Auch ich habe nicht alle Antworten. Doch an diesem erstaunlichen Tag lernte ich, dass nicht nur ein spiritueller Führer über uns wacht, sondern dass es viele sind. Auch wenn wir im Leben Härtetests durchmachen müssen, so ergibt sich daraus immer etwas Gutes.

Jener Tag wurde ein weiteres Geschenk an Weisheit, das die Führer mir machten. Es war eine positive Botschaft, die ich überbringen konnte, und gleichzeitig eine weitere Perspektive auf die Welt, die Sinn ergibt.

Es freut mich, berichten zu können, dass ich später eine E-Mail erhielt, in der das junge Paar mir die Geburt eines gesunden Kindes mitteilte. Sie dankten mir für den inneren Frieden, um den sie so lange gekämpft hatten. Was in ihrem Leben geschah, war vorhergesehen. Sie lernten, dass Trauer nach einer gewissen Zeit vergeht, und dass wir durch sie höheres Glück erreichen können. Ihre geistigen Führer – die »Gruppe« – fanden einen Weg, ihre Präsenz zu zeigen, und halfen ihnen, die Trauer zu überwinden. Ihre Aufgabe ist, jedem, der keine Hoffnung mehr sieht, Liebe und Hoffnung zu geben. Durch ihre unendliche Geduld wird das, was wir als verloren ansehen, zum Anfang von etwas Neuem und Wunderbarem.

140

13

Geburt und Tod

Ich lernte Robyn im Frühjahr kennen. Sie ist eine liebenswerte, glücklich verheiratete junge Frau aus Vermont. Sie war nur wegen der Sitzung den langen Weg bis nach Maine gekommen. Ich staunte, dass sie fünf Stunden Fahrt für eine einstündige Sitzung auf sich nahm, doch sie wollte mich unbedingt persönlich sehen. Hinterher war ich froh darüber.

Robyn hatte eine sehr einnehmende Persönlichkeit; sie war die Art von Mensch, mit dem man gern zusammen ist. Ihre Augen strahlten beim Sprechen und ihr Lachen war ansteckend. Ich hatte beinahe das Gefühl, als hätte ich ein unschuldiges dreijähriges kleines Mädchen statt einer 32-jährigen Frau vor mir.

Es war ihre erste Sitzung und sie war etwas nervös, doch gleichzeitig bereit, ihrem spirituellen Führer zuzuhören.

Die meisten meiner Klienten denken an irgendjemanden, wenn sie zu mir kommen, an eine ganz bestimmte Seele, mit der sie unbedingt kommunizieren möchten. Doch bei Robyn war das nicht der Fall. Sie sagte bloß: »Wer immer sich zeigen wird – ich lasse es auf mich zukommen.«

Ich freute mich über diese Offenheit.

Als die Sitzung anfing, tauchte die Großmutter auf, die sie nicht gekannt hatte, und Robyn hörte sich mit liebevollem Interesse jedes Wort an, das die Seele ihr mitteilte. Die Großmutter, die Prissy genannt werden wollte, war schon vor Robyns Geburt verstorben. Wenn das geschieht, so erklärte ich Robyn, dann haben beide für eine ganze Weile zusammen in der himmlischen Sphäre gelebt.

Dies waren wertvolle Informationen für Robyn, da sie sich sehr für Ahnenforschung interessierte. Sie wollte unbedingt herausfinden, wo ihr körperliches Selbst und das Blut, das in ihren Adern floss, herkamen.

Doch dann stand plötzlich ein kleines Mädchen neben ihr. Natürlich sehen alle Seelen im Jenseits jung aus, doch ein Mädchen wie dieses hatte ich noch nie gesehen. Es sah aus wie ein ätherisches Wesen, das noch nie ein irdisches Leben durchlebt hatte. Fast wirkte es wie ein Engel. Es schwebte mit einer hypnotischen und wunderschönen Leichtigkeit in der Luft und leuchtete in roten und lila Farbtönen. Ich war total fasziniert von ihr. Robyn schaute immer wieder hinter sich und versuchte zu sehen, was ich sah.

»Was ist los? Erzählt meine Großmutter Ihnen noch mehr?«, fragte sie beunruhigt.

Ich schüttelte den Kopf. Mehrere Sekunden lang versagte meine Stimme. Ich wollte das Wissen dieser Seele absorbieren und sie ließ es zu. Ich war nicht sicher, ob sie wegen Robyn hier war, oder um meine eigene spirituelle Entwicklung voranzubringen.

»Vicki, ist alles in Ordnung?«, fragte Robyn.

Der besorgte Ton in ihrer Stimme schreckte mich aus meiner Trance auf, in die die wunderschöne Seele mich versetzt hatte. Ich nickte.

»Tut mir Leid, Robyn, aber hinter Ihnen steht die schönste Seele, die mir je begegnet ist. So etwas habe ich noch nie gesehen. Ich kann nicht aufhören sie anzusehen und sie gibt mir viele Informationen. Es ist, als würde ich alle Details für später speichern.«

Robyns Blick huschte von mir zu der Stelle hinter sich, wo die Seele stand, die sie nicht sehen konnte. Doch an meinem Gesichtsausdruck konnte sie ablesen, dass es etwas Einmaliges sein musste.

»Warten Sie«, sagte sie rasch, »sie darf noch nicht weggehen. Ich muss sie etwas fragen!«

Ich nickte.

»Ja, ich glaube, sie ist nicht wegen mir hier, jedenfalls jetzt nicht mehr, sondern wegen Ihnen. Sie schickt mir die Informationen per Gedankenübertragung. Normalerweise höre ich eine Stimme, doch diese Seele hier ist anders. Sie ist hoch entwickelt. Sie sagt, dass Sie schon viele Versuche hinter sich haben und beim nächsten Versuch erfolgreich sein werden. Doch wo etwas gewonnen wird, wird auch etwas genommen.«

Robyns Augen wurden feucht. In diesem Augenblick wusste ich mit absoluter Sicherheit, dass sie ein Baby verloren hatte. Es war tot auf die Welt gekommen.

»Robyn, haben Sie ein Kind verloren?«

Sie nahm sich ein Taschentuch aus der Schachtel auf meinem Tisch und nickte. »Ja, letztes Jahr. Er war mein Sohn. Bis zur Geburt war alles in Ordnung, und niemand konnte sagen, was passiert war. Sein Herzschlag war da, und in dem Augenblick, als er atmen sollte, hörte sein Herz auf zu schlagen. Was habe ich bloß falsch gemacht? Warum kann ich kein gesundes Kind zur Welt bringen? Was stimmt mit mir nicht?«

Bis jetzt war Robyn ruhig geblieben, doch nun wurde sie fast hysterisch. Ich stand von meinem Stuhl auf und sah, dass die ätherische Seele nun auf die andere Seite des Zimmers schwebte, wo ich gesessen hatte. Dabei ließ sie mich nicht aus den Augen.

»Robyn, diese Seele ist wegen Ihnen hier. Das Kind war eine Prüfung. Es sollte nicht lebend geboren werden. Aus irgendeinem Grund, der während der Schwangerschaft eintrat, wollte die Seele, die Ihr Sohn geworden wäre, kein irdisches Leben mehr beginnen. Es hat nichts mit Ihnen zu tun. Es war der Wille der Seele. Sie suchen sich ihre Eltern selbst aus. Und bis zum Augenblick der Geburt war alles in Ordnung; dann ist irgendetwas passiert. Die Seele hat etwas entdeckt und entschieden, dieses Leben zu verlassen.«

Robyn weinte leise an meiner Schulter. Allmählich spürte ich ihr Leid und ihren Schmerz.

»Die Seele sagt mir, dass alles gut wird …«

Jetzt sah ich die Seele direkt an. Ihre Augen waren violettblau und durchdringend; sie glitzerten wie Sterne am Nachthimmel. Es war atemberaubend. Sie schickte mir ihre Botschaft. Sie war wunderbar, doch sie forderte ihren Preis.

»Robyn, wussten Sie, dass Sie schwanger sind?«

Robyn hob den Kopf und griff nach meinen Händen.

»Was? Wirklich? Ich war nicht sicher. Ich habe es mir so lange gewünscht. Mein Mann und ich wollen seit sieben Jahren ein Kind, und als wir unseren Sohn verloren haben, entschieden wir uns, es weiter zu versuchen. Aber nichts hat funktioniert.«

»Diese Seele ist kein spiritueller Führer, sondern die Seele des noch ungeborenen Kindes. Sie ist auch keine Reinkarnation, sondern eine bisher ungeborene Seele mit erstaunlichen Begabungen. Sie werden ihre Stärke brauchen.«

Jetzt weinte Robyn vor Freude und umarmte mich fest. »Auf dem Rückweg kaufe ich gleich einen Schwangerschaftstest!«

Ich lachte mit ihr, doch ich wusste auch, dass da noch etwas war, worauf Robyn nicht vorbereitet war, was sie jedoch bald genug herausfinden würde.

Die Seele verschwand langsam und ließ mich mit dem Wissen zurück, was geschehen würde. Und dass Robyn trotz allem ein gesundes Kind zur Welt bringen würde. Ich nahm ihr das Versprechen ab, mich auf dem Laufenden zu halten.

Im Laufe der nächsten Monate blühte Robyn in der Schwangerschaft auf. Sie genoss jeden Augenblick, und ihr Mann und sie änderten das Kinderzimmer von Blau zu Flieder.

Während der Weihnachtstage schrieb Robyn mir, das Kind würde in sechs Wochen zur Welt kommen. Ihr gehe es blendend, doch mache sie sich wegen der schweren und andauernden Grippe ihres Mannes Michael Sorgen.

Ich wies sie darauf hin, dass eine so ausgedehnte Grippe einen Infekt oder etwas Ernstes bedeuten könnte. Er sollte von ihrem Arzt untersucht werden.

Mehrere Wochen vergingen. Während einer meiner Nächte, in denen die Seelen mich nicht in Ruhe schlafen ließen, stand ich auf und ging an meinen Computer. Mehrere Seelen waren um mich herum versammelt und redeten die ganze Zeit über miteinander. Als ich meine E-Mails anschaute, entdeckte ich, dass Robyn mir nur drei Minuten vorher geschrieben hatte.

Es war noch vier Wochen zu früh für die Geburt. Dann fiel mir ein, was die leuchtende Seele mir mitgeteilt hatte.

Robyn schrieb über Michael. Sie hatten zahlreiche Untersuchungen gemacht und am Tag zuvor herausgefunden, dass er eine seltene Art von Knochenkrebs habe, der schon im Endstadium war.

Ich schrieb zurück und erwähnte, dass mein Vater dieselbe Art von Krebs gehabt hatte, und dass sie nicht aufgeben solle. Niemand kann einem sagen, ob man in sechs Wochen stirbt oder nicht. Das war die Prognose der Ärzte für Michael. Mein Vater hatte noch acht sehr glückliche Jahre mit dem Krebs weitergelebt. Und dies könne auch bei Michael der Fall sein. Ich wollte ihr die Hoffnung so kurz vor der Entbindung nicht nehmen.

Sie war online und dankte mir prompt für die ermutigenden Worte. Dann wünschten wir einander eine gute Nacht.

Drei Monate später trank ich meinen Morgenkaffee und las die Hunderte von E-Mails, die ich täglich erhalte. Eine von ihnen enthielt eine angehängte Datei. Es war eine von Robyn, und da ich den Entbindungstermin kannte, wusste ich, dass sie ihre Tochter zur Welt gebracht hatte. Ich hielt die Datei für ein Babybild und konnte es kaum erwarten, sie zu öffnen.

Abgebildet war ein gut aussehender Mann, der ein süßes Baby in den Armen hielt. Doch unter dem Foto stand der Text der E-Mail. Das kleine Mädchen war drei Wochen nach der Krebsdiagnose ihres Vaters geboren worden. Und dies war das letzte Foto, das Robyn von Michael gemacht hatte. Es war zwei Tage vor seinem Tod entstanden.

Dann fuhr Robyn fort: »Michael hat jede ärztliche Behandlung abgelehnt. Er schien instinktiv zu wissen, dass alles gut werden würde, und er bereitete mich so gut wie nur möglich vor. Er erledigte die Angelegenheit um das Geld, das Haus und so weiter ... Und die ganze Zeit über strahlten seine Augen vor Hoffnung für mich und unser Kind, während sein Körper immer abgezehrter wurde. Er starb, während unsere Tochter zwischen uns im Bett schlief, genauso wie er es sich immer gewünscht hatte, und ich weiß, dass Gillian mein Wunschkind ist. Und Michael ist bei uns und wacht über uns. Er hat seine Tochter noch im Arm gehalten und sich von ihr verabschiedet. Wie kann ich irgendetwas bereuen, wenn ich weiß, dass seine Seele ging, damit Gillian leben kann? Ich musste den einen verlieren, um die andere zu gewinnen.«

Ich lächelte. Sie hatte es verstanden.

»Robyn, Sie haben jetzt Ihr Kind, und Sie haben einen spirituellen Führer, der Sie und Ihr Kind immer lieben und beschützen wird«, schrieb ich.

Sie antwortete: »Ich weiß. Gillian kann ihn sehen. Wenn ich sie wickle, lächelt sie, aber sie schaut mich dabei nicht an. Manchmal gluckst sie sogar, auch wenn ich sie nicht kitzle. Dann sieht sie ihren Daddy. Ich vermisse ihn so sehr, aber ich weiß aus unserer Sitzung, dass es so geschehen würde. Und jetzt kann Michael das tun, was bisher seine Tochter getan hat. Andere ins Licht hineinführen. Gillian kam aus diesem Licht. Michael ist in das Licht zurückgekehrt. Beide Seelen sind hoch entwickelt. Das ist wahrscheinlich der Grund, warum ich das Gefühl habe, als sei alles gut. Danke, Vicki! Sie haben meinen Glauben verändert, meine Lebensweise und meine Art zu lieben. Jetzt tue ich alles aus reiner und bedingungsloser Liebe. Erst mein Mann und jetzt auch meine Tochter haben mich das gelehrt. Die Liebe wird immer vorhanden sein. Und das, was wir für einen Verlust halten, ist nicht wirklich verloren, sondern wird nur durch eine andere Art von Liebe ersetzt. Ich kann wirklich dankbar sein.«

Diese Sitzung hat wie viele andere mein Leben verändert, doch diesmal brachte die Seele, die in der Sitzung zum Vorschein kam und jetzt in einem kleinen Mädchen namens Gillian lebt, mich zum Staunen. Ich wusste zwar schon immer, dass so etwas geschieht, aber die Umsetzung mitzuerleben war auch für mich eine neue Lektion. Das Leben bietet ständig neue Dinge, die es zu lernen gilt. Ich werde meine Augen und meinen Verstand weiterhin für die Wunder offen halten, die es hier und im Jenseits gibt.

150

14

Meditation, um mit Seelen zu sprechen

Gib mir die Fähigkeit, allein zu sein; möge es meine Gewohnheit werden, jeden Tag hinaus zu all den Dingen zu gehen, die da wachsen, und möge ich dort allein sein, um mit dem zu sprechen, zu dem ich gehöre.

Gebet des Rabbiners Nachman aus Bratzlav

Vor ungefähr einem Jahr fragte eine Organisatorin großer Veranstaltungen in Puerto Rico mich, ob ich dort eine Live-Veranstaltung machen wollte. Anschließend sollte ich einen zweistündigen Workshop anbieten. Sie sagte, sie würde dies von all ihren Gästen verlangen. Ich erwiderte: »Warum nicht – wie schwierig kann so was schon sein?« Sobald ich den Hörer aufgelegt hatte, geriet ich wie immer in Panik. Ich hatte keine Ahnung, was für eine Art von Workshop ich anbieten könnte.

Nach ernsthaften Überlegungen und Gesprächen mit zahlreichen anderen, die regelmäßig Workshops veranstalten, beschloss ich, einfach eine Anleitung zur Meditation zu geben. Ich wollte den Teilnehmern die Meditation beibringen, die ich selbst mache, um meine persönlichen spirituellen Führer und lieben Seelen zu rufen.

Der Workshop wurde zu einer meiner aufwühlendsten Erfahrungen. Ich konnte beobachten, wie Hunderte von Menschen ohne die Hilfe eines Mediums mit ihren verstorbenen Lieben oder spirituellen Führern in Verbindung traten. Sie alle hatten ihre ganz eigene Beziehung zum Spirituellen. Alles, was ich tun musste, war, sie visuell anzuleiten.

Als ich auf der Bühne stand und sie in ihre geistigen Bilder hinein-führte, flossen bei manchen bereits die Tränen. Einige Menschen lä-chelten, während andere schluchzten. Dies überraschte und rührte mich zutiefst. Am Ende der Meditation weinte auch ich über die unglaubliche Schönheit dieser Erfahrung.

Die Leute von Puerto Rico gehören zu den spirituellsten Menschen, die mir je begegnet sind. Sie sind dankbar und herzlich. Die Teilnehmer der Veranstaltung überschütteten mich mit Geschenken, die ich zwar nicht verdient hatte, doch als liebevollen Energieaustausch ansah und mit Freude annahm: ein Stück Buntglas aus einer Kirche, ein besticktes Taschentuch, eine Blume … Ihre Geschenke waren sorgfältig ausge-wählt und bedeutungsvoll. Ich war von der Liebe und Dankbarkeit, die mir entgegenströmte, überwältigt.

Da die Meditation an diesem Abend den Menschen so viel gebracht hatte, habe ich sie mittlerweile bei fast all meinen Veranstaltungen wiederholt. Da sie so erfolgreich ist, möchte ich sie hier mit Ihnen tei-len, damit Sie Ihre eigene spirituelle Gabe entdecken können. Ich empfehle, sie entweder zusammen mit einem Freund oder einer Freundin durchzuführen und sie sich gegenseitig vorzulesen, oder sie auf Kassette aufzunehmen und sich vorzuspielen. Wenn Sie die Bandmethode wählen, sollten Sie leise und langsam sprechen und an den passenden Stellen Schweigepausen einlegen, damit Sie genügend Zeit haben, mit Ihren Seelen oder spirituellen Führern zu kommunizieren.

DIE MEDITATION

Lassen Sie als Hintergrundmusik eine entspannende Melodie ohne ablenkenden Gesang spielen. Legen Sie sich auf ein Bett, eine Couch oder eine andere bequeme Unterlage, und wenn Sie mögen, die Beine etwas erhöht auf ein Kissen. Sagen Sie vor jeder Meditation: »Ich habe nur Kontakt zu den Energien, die im Licht und der Liebe Gottes zu finden sind«. Entspannen Sie sich.

Nehmen sie drei tiefe Atemzüge. Dann atmen Sie wie üblich ganz normal durch die Nase ein und durch den Mund aus. Überanstrengen Sie dabei nicht den Unterleib. Atmen Sie ganz natürlich. Lauschen Sie der Musik und ihrem beruhigenden, engelhaften Klang. Stellen Sie sich vor, dass die Musik von den Stimmen der himmlischen Engel kommt und nur für Sie bestimmt ist. Die Liebe, die Sie darin fühlen, gilt nur Ihnen. Diese Stimmen führen Sie an einen ganz besonderen Ort, an einen Ort, der nur für Sie bestimmt ist.

Entspannen Sie bei jedem Atemzug jeden Muskel in Ihrem Körper. Mit jedem Ausatmen entspannt sich ein anderer Teil Ihres Körpers, bis

Sie beinahe schweben. Während Sie schweben, steigen Sie auf, schweben durch das Fenster oder die Tür hinaus und auf ein Tor zu. Sie sehen das Tor, und während Ihre Füße langsam den Boden berühren, spüren Sie die Wärme der Sonne. Sie ist nicht brennend heiß und auch nicht kühl, es ist eine vollkommene Wärme, die Sie einhüllt. Die Engel singen, und das herrlich warme, liebevolle Sonnenlicht gibt Ihnen das Gefühl der Behaglichkeit und Sicherheit.

Sie sind auf der Reise zu einer geliebten Seele oder zu Ihrem spirituellen Führer. Sie können ihre Stimmen in der Ferne hören; sie sind umgeben von der Musik der Engel. Sie rufen Sie ans Tor. Lauschen Sie dem Engelschor. Hören Sie auf den Klang der Musik, die sie für Sie spielen. Hinter dem Tor gibt es so viel Liebe. Dies ist Ihr ganz besonderer Ort. Stellen Sie sich das Eingangstor vor. Ist es aus geschmiedetem Eisen? Ist es verziert oder schlicht und einfach? Es ist Ihr Tor. Sie können es sich aussuchen.

Die Engel fordern Sie auf, das Tor zu öffnen. Sie singen nur für Sie und nur Sie können dieses Tor durchschreiten – es sei denn, Sie laden noch jemand ein. Berühren und fühlen Sie das Tor. Spüren Sie seine Struktur. Eine sanfte, leise Brise umweht Sie. Sie spüren noch immer die einhüllende Wärme der Sonne und fühlen die Liebe der Engel, die Sie umgibt. Sie stehen vor dem Tor und sind bereit für die Reise.

Schauen Sie auf den Riegel des Tors. Berühren Sie ihn. Spüren Sie, wie warm er von der Sonne ist. Ein weißer Lichtstrahl geht durch Ihren Körper, während Sie den Riegel nach oben schieben und das Tor öffnen. Beim Durchschreiten des Tores streichelt das weiche, warme Gras

Ihre Füße. Die Sonne scheint und die Musik lockt Sie hinein. Die Engel heißen Sie in einem verzauberten Land willkommen.

Vor Ihnen liegt ein Pfad durch einen tiefen Wald. Bleiben Sie einen Augenblick stehen und schauen Sie sie sich um. Während Sie den Pfad entlanggehen, wird der Gesang der Vögel lauter. Hören Sie das Rascheln der Bäume. Es könnten Kiefern und Eichen sein. Hören Sie das Pfeifen des Windes. Spüren Sie die sanfte Brise auf der Haut. Bleiben Sie eine Minute stehen. Genießen Sie den Augenblick. Breiten Sie die Arme aus. Schließen Sie die Augen. Fühlen Sie, wie alle Sorgen und Nöte nun hinter Ihnen liegen. Sie sind frei. Sie fangen an, mit der Luft zu schweben und berühren kaum noch den mit Kiefernnadeln bedeckten Pfad, der durch diesen riesengroßen Wald führt. Sie werden geführt von den Stimmen der Engel und den Rufen der Seele Ihres geliebten verstorbenen Menschen oder Ihres spirituellen Führers.

Nun hören Sie Wasser. Rechts neben dem Weg gurgelt ein Bach. Sie blicken nach oben und sehen die Sonnenstrahlen, die durch die Bäume fallen. In der Ferne kreuzt ein Reh Ihren Weg. Das Reh schaut Sie an. Es blickt Ihnen in die Augen und Sie sind eins mit dem Tier. Sie sind eins mit allem. Ihr Körper kribbelt vor freudiger Erwartung. Sie hören den leisen Klang der Musik und jemand ruft Ihren Namen. Sie wissen, dass dies Ihr Ort ist und dass niemand außer Ihnen ihn betreten kann. Hier fühlen Sie sich behaglich und sicher.

Gehen Sie den Weg weiter. Hören Sie den murmelnden Bach zu Ihrer Rechten. Schließen Sie die Augen und riechen Sie das grüne Moos auf den Steinen. Riechen Sie das klare, saubere Wasser, das über die Steine und Wurzeln gluckert. Sie erleben die Natur. Hören Sie das Knarren der Bäume und die gesungene Symphonie der Vögel. Sie heißen Sie zu Hause willkommen. Sie spüren, dass der Ort Ihnen vertraut vorkommt. Sie spüren, wie Ihnen ein Schauer über den Rücken läuft.

Bleiben Sie einen Augenblick unter dem Schatten der großen Kiefer an dem gurgelnden Bach stehen. Sie sehen die Kiefernnadeln auf dem Pfad und können den Wald beinahe schmecken. Knien Sie sich hin und spüren Sie den kühlen Erdboden unter den Knien. Bücken Sie sich und heben Sie eine Handvoll der Kiefernnadeln auf. Spüren Sie sie zwischen den Fingern, während Sie sie langsam auf den Boden fallen lassen. Beugen Sie sich sanft vor und legen Sie Ihre Hände in das kühle Wasser des fließenden Bachs. Spüren Sie das Nass des Wassers, das über Ihre Hände rinnt. Schöpfen Sie mit beiden Händen Wasser aus dem Bach und stillen Sie Ihren Durst. Bleiben Sie einen Augenblick sitzen und atmen Sie die feuchte Luft über dem Bach ein. Spüren Sie die Kühle, riechen Sie den Duft, der in der Luft liegt, und lauschen Sie dem Wasser, das über die Steine fließt. Öffnen Sie all Ihre Sinne und schöpfen Sie Atem. Atmen Sie noch einmal tief ein und stehen Sie dann auf. Gehen Sie weiter den Weg entlang.

Vor Ihnen liegt ein flacher Hügel, dem Sie mit erwartungsvoller Spannung begegnen. Sie rennen auf ihn zu, Sie fliegen fast. Ihre Füße und Ihr Körper sind ganz leicht. Sie steigen auf den Hügel und blicken sich um; die strahlenden Farben beglücken Ihre Augen. Vor Ihnen liegt ein weites Tal voller duftender Wildblumen. Jeder Duft, den Sie sich vorstellen können, liegt in der Luft ... Maiglöckchen, Rosen, Jasmin ... alles fließt durch Ihre Sinne. Es ist ein verzauberter Ort.

Sie sehen Hummeln und Vögel eifrig umherschwirren. Hier ist so viel Schönheit zu finden und Sie sind ein Teil dieser Schönheit. Blicken Sie über das Tal. Gehen Sie den Hügel hinunter und spüren Sie die Blumen. Sie sind so weich, dass sie Ihre Knie streicheln und Ihre Füße küssen. Sie spüren, wie die Liebe, die alle Lebewesen verbindet, Sie berührt, weil Sie ein Teil davon sind. Alle Wesen, die leben und lieben. Und alle Wesen, die sterben, kehren zurück, genauso wie Sie. Sie sind auf einer spirituellen Reise.

Gehen Sie jetzt weiter und spüren Sie die Blumen um sich herum. In der Ferne hören Sie ein anderes Geräusch. Es ist das Meer. Sie fangen an, die Meeresbrise zu schmecken, die sanft über Ihr Gesicht und durch Ihr Haar streicht. Sie hören Möwen und die Stimme einer geliebten Seele, die Sie einlädt, an den Strand zu kommen, an den wunderschönen, heiligen Ort. Als Sie über die Anhöhe gehen, sehen Sie, wie die Sonne langsam am Horizont untergeht. Sie können Ihre Füße im weichen, reinen, kristallweißen Sand spüren. Der Sonnenuntergang spiegelt sich in roten und lila Farben im glasklaren Wasser. Delfine tanzen in der Ferne miteinander, ohne die Wasseroberfläche aufzuwühlen.

Als Sie den Strand erreichen, spüren Sie das Salzwasser an den Füßen. Das Wasser ist ruhig, doch es herrscht eine leichte Strömung, die rhythmisch über Ihre Haut spült, während das Wasser sich an Ihren

Fußgelenken auf und ab bewegt. Mit jeder winzigen Welle laufen wohlige Schauer durch Ihren Körper.

Die Zeit ist gekommen, die geliebte Seele herbeizuholen. Sie schauen den Strand entlang und sehen sie in der Ferne. Gehen Sie auf sie zu. Sie ist wegen Ihnen hier. Sie wissen jetzt, dass sie nie wirklich weggegangen ist. Gehen Sie weiter auf sie zu. Sie kommt immer näher. Sie können den Gesichtsausdruck des geliebten Verstorbenen sehen. Er oder sie lächelt Ihnen zu. Sie werden von tiefer Zuneigung erfüllt, stärker als Sie je gefühlt haben. Sie strecken die Arme aus und berühren einander an den Händen. Sie umarmen sich und spüren das innerste Wesen der bedingungslosen Liebe, die durch Ihren Körper strömt. Die Seele ist nie von Ihnen gegangen. Sie wird Sie nie verlassen. Diese Liebe bleibt für immer bei Ihnen.

Gehen Sie mit der Seele auf das Meer zu, halten Sie sich an ihr fest, während Sie gehen, und spüren Sie jede Erinnerung, jeden schönen Augenblick, den Sie miteinander erlebt haben. Sie fühlen keine Trauer, sondern reine Freude. Sagen Sie der Seele, was immer Sie wollen. Fragen Sie alles, was Ihnen wichtig ist. Vergeben Sie oder bitten Sie um Vergebung. Bitten Sie um Anleitung, falls Sie dies brauchen. Nehmen Sie sich alle Zeit, die Sie brauchen. Genießen Sie den Augenblick.

Nun wird es Zeit für Sie zu gehen. Verabschieden Sie sich in der Gewissheit, dass die geliebte Seele immer bei Ihnen ist und dass Sie jederzeit an diesen Ort zurückkehren können. Werfen Sie einen letzten Blick auf den ruhigen Horizont, während die Sonne langsam untergeht.

Sie gehen nun fort vom Meer und kehren auf den Weg zurück, auf dem Sie gekommen sind. Schauen Sie zurück und winken Sie der Seele des geliebten Menschen zu. Drehen Sie sich um und gehen Sie auf den Wald zu. Spüren Sie die Brise und atmen Sie den Duft der Blumen ein. Sie gehen nun wieder den Hügel hinunter, über die Blumenwiese und spüren die Liebe und den Zauber dieses Ortes. Sie hören die Vögel, die Sie im Wald begrüßen. Sie hören den Bach, auf den Sie wieder zugehen. Sie spüren die Blumen, die Ihre Füße zum Abschied küssen, und Sie fühlen die weichen Kiefernnadeln unter Ihren Füßen. Der Bach wird etwas lauter und die Engel singen. Dies ist kein Abschied für immer, es ist nur ein Abschied, bis zum nächsten Wiedersehen. Sie sind glücklich. Sie fühlen sich lebendiger als je zuvor. Ihr ganzer Körper fühlt sich wohl, während Sie weitergehen in dem Wissen, dass Sie sich immer so fühlen können, wenn Sie an diesen Ort zurückkehren. Durch das Atmen allein können Sie wieder herkommen.

Sie sehen die Lichtung und das Tor in der Ferne. Sie spüren keine Trauer, sondern nur ein tiefes Gefühl von Liebe, Sicherheit und Wohligkeit. All Ihre Sorgen und Ängste sind verschwunden. Gehen Sie auf das Tor zu. Werfen Sie einen letzten Blick zurück, atmen Sie noch einmal tief ein und fühlen Sie all die Liebe, die es auf der Welt gibt. Sie lächeln, denn Sie wissen, dass diejenigen, die Sie lieben, ob auf der Erde oder im Jenseits, Ihnen an dem Ort begegnen können, wenn Sie es zulassen.

Berühren Sie den warmen Riegel des Tores, schieben Sie ihn zurück und öffnen Sie das Tor. Atmen Sie tief ein und gehen Sie durch das Tor. Schließen Sie das Tor hinter sich und bleiben Sie einen Augenblick stehen, um die Dankbarkeit für das Erlebte zu fühlen. Strecken Sie die Arme seitlich aus und spüren Sie noch einmal die Brise und die letzten Sonnenstrahlen des Tages. Der Weg liegt nun hinter Ihnen. Schließen Sie die Augen und atmen Sie. Sie schweben nun wieder. Der Wind hebt Sie wie eine leichte Feder hoch. Sie schweben auf dem Wind zurück in Ihr Haus. Das Fenster oder die Tür steht offen und Sie schweben hindurch. Sie fühlen sich friedlicher als jemals zuvor. Alle Sorgen, Nöte und Ängste sind weg. In Ihnen ist nur Liebe, Zuneigung und Friede. Sie landen wieder auf Ihrem Bett, Sofa oder der bequemen Unterlage und atmen sanft und tief, während Sie aufwachen. Öffnen Sie die Augen und spüren Sie den Frieden. Vergessen Sie nie, dass Sie an diesen Ort zurückkehren können, wann immer Sie wollen.

15

Von »spukenden« Häusern

Warum sprechen wir von »Spuk«, »besessenen Häusern« und »Gespenstern«? Ich habe schon in vielen Teilen der Vereinigten Staaten und anderer Länder gelebt, und es hat mich immer fasziniert, wie unterschiedlich die Bewohner auf »Spuk« reagieren.

Zum einen werden Häuser nicht von Gespenstern heimgesucht. Gewöhnlich ist dies eine Behauptung, die Hausbewohner aufstellen, um ihr Heim geheimnisvoller klingen zu lassen als es ist. Die meisten Leute, deren Grundstück tatsächlich von einem oder mehreren Geistern heimgesucht wird, sprechen nicht darüber. Sie wissen, dass die Seele, die sich dort gelegentlich bemerkbar macht, nur als Besucher auftritt. Und oft wird der Gast zur angenehmen Gesellschaft der Lebenden.

»Gespenst« ist ein Begriff, der mir gar nicht behagt. Ich nenne ein unkörperliches Wesen lieber einen »Geist«. Es sind Wesen, die unter uns weilen. Sie denken sich einfach aus der Sphäre, die wir »Himmel« nennen, zurück an den Ort, an dem sie sich einst wohl gefühlt haben.

Doch es gibt tatsächlich auch Poltergeister. Gewöhnlich sind dies Seelen, die sich weigern, sich in ihrer wahren körperlichen Gestalt zu zeigen, die das Alter eines jungen Erwachsenen aufweist. Hier handelt es sich oft um Kinder, die in dem Alter erscheinen, in dem sie ins Jenseits übergewechselt sind.

Wir haben in unserem Haus in Maine einen solchen Geist. Er verstarb 1724, doch nicht in unserem Haus. Viele Leute glauben, wenn man in einem neuen Haus oder Wohnblock lebt, könnte es dort keine Geister geben. Das ist ein weit verbreiteter Irrtum. Ein Geist kann sich durch Gedanken zu jedem Lebenden überall hin bewegen. Deswegen sehen wir sie zu gewissen Zeiten und zu anderen Zeiten nicht. Geistwesen sind nicht in ihrer Bewegung eingeschränkt, sondern nur in den Dingen, die sie ausführen können.

Viele Menschen zittern vor Angst, wenn sie die Phrase »In diesem Haus geht das Gespenst von So-und-so um« hören. Sofort geraten sie bei jedem Geräusch, jedem Luftzug oder seltsamen Ereignis in Panik. Doch Geister sind nicht dazu da, um uns Angst zu machen oder weh zu tun. Möglicherweise wollen sie Kontakt zu einem lebenden Menschen aufnehmen, um eine Botschaft zu überbringen, die in ihrem Leben unausgesprochen blieb. Manchmal erscheinen sie auch, um einem geliebten Menschen während eines Trauerprozesses beizustehen, und bleiben so lange, bis sie nicht mehr gebraucht werden. Wenn Sie ein echtes Glückskind sind, ziehen Sie vielleicht in ein Haus, das schon von Geisterwesen »besetzt« ist.

Hier in Neuengland, das reich an Geschichte und Tradition ist, gibt es besonders viele Geister verstorbener europäischer Kolonialsiedler und Ureinwohner. Es erstaunt mich immer wieder aufs Neue, wenn ich mitten in der Nacht aufwache und an die dreißig Geistwesen vorfinde, die alle durch mich kommunizieren wollen. Da ich es nicht schätze, aus dem Schlaf gerissen zu werden, bitte ich sie oft zu gehen. Meist tun sie das auch nach ein paar Mitleid erregenden Blicken, auf die ich nicht eingehe. Dann tauchen sie gewöhnlich am nächsten Tag wieder auf und wollen in einer Sitzung mit Verwandten sprechen. Dies zeigt ihr starkes Verlangen, mit ihren irdischen Lieben zu kommunizieren. Die Seelen sind immer um uns herum, doch manchmal haben wir ein besonderes Bedürfnis, von ihnen aufgesucht zu werden, gewöhnlich um in besonders harten Zeiten Mitteilungen von ihnen zu erhalten.

Um auf den Geist in meinem Haus zurückzukehren: Sein Name ist Tobias. Wir nennen ihn Toby. Er ist nicht der Einzige in unserem Haus und zieht es vor, im oberen Stock zu bleiben. Es gibt noch zwei weitere Geistwesen: eine junge, blonde Frau und einen hoch gewachsenen Mann, die sich eher auf der unteren Etage aufzuhalten scheinen. Den Mann nenne ich Richard. Obwohl er mir nie seinen Namen verraten hat, scheint er damit einverstanden zu sein. Die junge Frau wird von mir Becky genannt. In ihrem irdischen Leben hieß sie Rebecca.

Schon sehr oft hörten meine Kinder und ich Becky weinen. Gewöhnlich geschieht dies gegen 3 Uhr nachts. Es hört meistens so abrupt auf, wie es begann. Sie hat mir bis heute den Grund für ihre Tränen nicht verraten. Sie ist in einen angenehmen Fliederduft gehüllt, und wenn ich sie zu anderen Tages- oder Nachtzeiten sehe, ist sie fröhlich. Vielleicht werde ich den Grund für ihre Tränen nie erfahren, außer dass der Zeitpunkt 3 Uhr nachts irgendeine Erinnerung in ihr auslöst.

Richard, Rebecca und Toby sind, soweit ich weiß, nicht miteinander verwandt. Das heißt, ich glaube nicht, dass sie sich in ihren irdischen Leben gekannt haben. Doch alle haben Eines gemeinsam – sie starben in der Nähe unseres Hauses im Wald hinter unseren Feldern. Als ich der Sache näher auf den Grund ging, entdeckte ich eine alte, schmale Straße, die an die Grundmauern einer alten Mühle führt. Es wird gesagt, dass in dieser Gegend im siebzehnten Jahrhundert eine solche Mühle in Betrieb war. Ich vermute, dass alle drei an Schwindsucht gestorben sind. So nannte man damals Tuberkulose. Meine Vermutung rührt daher, dass sie auf meine Fragen, an was sie gestorben sind, mehrmals auf den Brustkorb gezeigt und eine Lungenkrankheit angedeutet haben. Bevor es einen Impfstoff gegen Tuberkulose gab, war Schwindsucht eine weit verbreitete Todesursache.

Im siebzehnten Jahrhundert besiedelten die ersten europäischen Einwanderer diese Gegend von Neuengland. Ihre Gräber wurden – wenn sie überhaupt markiert waren – durch schlichte Holzkreuze markiert. In jenen Tagen gab es erst wenige Friedhöfe. Viele Verstorbene wurden im Wald oder auf ihrem eigenen Grundstück begraben. Falls zu der Zeit eine Seuche ausgebrochen war, so wurden die Leichen möglicherweise verbrannt, um die weitere Ausbreitung des Krankheitserregers zu verhindern.

Toby gibt sich damit zufrieden, Bälle die Treppe hinunterpoltern zu lassen, an den Türen der Kinderzimmer zu rütteln, wenn sie drin sind, und unsere Haustiere zu erschrecken. Wäre er ein irdisches Kind, so würde ich sicher versuchen, ihn besser zu erziehen. Doch so kann ich ihm nur sagen: »Wenn du in diesem Haus bleiben willst, musst du die Regeln einhalten.« Manchmal scheint ihn das etwas zu verstimmen. Dann verschwindet er für ein paar Tage oder Wochen. Danach taucht er wieder auf und legt dasselbe Verhalten an den Tag.

Richard verhält sich den beiden anderen Seelen gegenüber sehr väterlich. Er redet auch mehr als die anderen, obwohl die Unterhaltungen mit ihm mir nur wenige Einzelheiten verraten haben, außer der, dass seine Frau und ihr ungeborenes Kind an Schwindsucht gestorben sind. Er weiß jedoch, dass es ihr im Jenseits gut geht und sie glücklich ist. Anscheinend verspürt sie nicht den Wunsch, in den nächsten Jahren oder vielleicht sogar Hunderten von Jahren wieder ein Leben auf der Erde zu führen.

Wenn wir weg sind, lässt Richard die Fenster geschlossen, sorgt dafür, dass der Hund ruhig ist, und hält Fremde von unserem Haus fern. Es ist sogar schon vorgekommen, dass er sie von unserem Grundstück verscheucht hat, als sie auf der Suche nach mir waren.

Unsere Geistwesen haben mir oder meiner Familie noch nie Angst eingejagt. Sie haben uns schon überrascht, oh ja, doch allmählich haben wir uns an ihre Besuche gewöhnt. Angst ist kein Thema, denn sie wissen, dass Seelen nicht hier sind, um uns Lebenden Schaden zuzufügen. Sie wissen auch, dass eine Seele gewöhnlich verschwindet, wenn man sie darum bittet. Tatsächlich zeigt sämtliche Dokumentation über Spuk, dass Geister den Lebenden noch nie Leid zugefügt haben. Im Gegenteil – wir selbst sind es, die vor lauter Angst schreiend davonlaufen, Treppen hinunterstürzen und vom Dach oder aus dem Fenster springen, um der angeblichen Gefahr zu entrinnen. Das ist es, was uns Schaden zufügt. Die Geistwesen sind es nicht. Seelen versuchen sogar, uns vor Schaden zu schützen. Doch oft rennen wir so schnell weg, dass wir dem Gefühl, beschützt zu werden, keine Chance geben. Dann fallen wir die Treppe hinunter, und später wird der Geist beschuldigt, er hätte uns »hinuntergestoßen«.

Die Seelen, die meine Nähe suchen, ehren mich mit ihrer Gegenwart. Anscheinend fühlen sie sich ebenso geehrt. Sie scheinen sich an der Verbindung, die sie zu den Menschen halten können, zu erfreuen, selbst wenn sie nur noch Zuschauer sein können. Sie besitzen die Freiheit, herzukommen und ihre irdischen Freunde zu sehen, und gleichzeitig in die andere Welt zu reisen, in der sie sich spirituell weiterentwickeln.

Deshalb sage ich zu den Lebenden: Habt keine Angst! Diese Wesen sind nicht hier, um euch Leid zuzufügen. Es sind Wesen, die einst wie wir alle gelebt haben, die die Luft geatmet haben und auf der Erde umhergegangen sind. Manchmal suchen sie einen bestimmten Ort wieder auf; dies geschieht aus einer Erinnerung oder einem Gefühl heraus. Es erlaubt ihnen, auch das Gute an ihrem Leben zu begreifen und mögliche Bereiche zu erkennen, in denen sie sich noch spirituell weiterentwickeln müssen. Denn das ist im Grunde der Sinn, weswegen wir alle hier auf Erden sind.

Umarmt eure Seelen, so wie sie euch umarmen. Eines Tages werden Sie mit ihnen zusammen sein und wie sie hierher und dorthin reisen, um den Lebenden auf der Erde Trost und Beistand zu spenden. Und es könnte sein, dass auch Sie dann denken: »Vielleicht bleibe ich ein Weilchen hier.«

Tierisch gute Gespräche
Lerne mit Tieren zu sprechen - sie antworten Dir
von Amelia Kinkade, aus dem Amerikanischen
247 Seiten, geb., 14 x 20,5 cm
ISBN 3-926388-57-9   Euro 18,41

Auf dem Traumberg
Der Weg zum Ich
von Thomas Ach

120 Seiten, geb., 15 x 21,5 cm
ISBN 3-926388-63-3   Euro 13,30

Sterben leicht gemacht
Ein liebevoller Ratgeber
vonSalli Rasberry / C. Watanabe
184 Seiten, gebunden
ISBN 3-926388-64-1   Euro 18,40

Entschlüssele Deine Träume
und verstehe die Botschaften Deiner Seele
von Stephan Schumann
168 S., 14,5 x 21 cm
ISBN 3-926388-48-X   Euro 13,29

G. Reichel Verlag, Reifenberg 85, D-91365 Weilersbach, Tel. 09194 - 8900, Fax – 4262
Internet: www.reichel-verlag.de   E-Mail: info@reichel-verlag.de